基于社员正规融资的
农民合作社增信研究

潘婷 ◎ 著

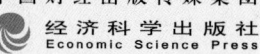

中国财经出版传媒集团
经济科学出版社
Economic Science Press

图书在版编目（CIP）数据

基于社员正规融资的农民合作社增信研究/潘婷著.
—北京：经济科学出版社，2017.7
ISBN 978-7-5141-8240-8

Ⅰ.①基⋯　Ⅱ.①潘⋯　Ⅲ.①农业合作社-研究-中国　Ⅳ.①F321.42

中国版本图书馆 CIP 数据核字（2017）第 170187 号

责任编辑：周国强
责任校对：刘　昕
责任印制：邱　天

基于社员正规融资的农民合作社增信研究
潘　婷　著
经济科学出版社出版、发行　新华书店经销
社址：北京市海淀区阜成路甲 28 号　邮编：100142
总编部电话：010-88191217　发行部电话：010-88191522
网址：www.esp.com.cn
电子邮件：esp@esp.com.cn
天猫网店：经济科学出版社旗舰店
网址：http://jjkxcbs.tmall.com
北京密兴印刷有限公司印装
710×1000　16 开　11.5 印张　200000 字
2017 年 9 月第 1 版　2017 年 9 月第 1 次印刷
ISBN 978-7-5141-8240-8　定价：48.00 元
（图书出现印装问题，本社负责调换。电话：010-88191510）
（版权所有　侵权必究　举报电话：010-88191586
电子邮箱：dbts@esp.com.cn）

前　言

农民正规融资困难一直是农村金融研究领域探讨的热点问题。自实施农业产业化政策发展以来，我国农村不断涌现出组织化解决农民融资约束的创新，特别是实践中农民合作社这一组织形式逐渐显现出促进农民获得贷款的能力，成为本书展开研究的重要原因。农民合作社是农业产业化发展下最为重要的组织化形式之一，服务社员是其主要的功能。本书是对农民合作社从农业产业化的组织功能到农村金融市场的中介功能、从为社员提供经济服务到金融服务的功能延伸探讨，拓展了农民合作社组织的金融性功能。因此，本研究对于缓解农民正规融资约束、提高利用农民合作社组织的效率、提升农民合作社综合能力具有重要意义。

本书在对全国五省（皖、鲁、浙、黑、川）123家农民合作社和574名社员抽样实地调查的基础上，探讨了农民合作社在社员正规融资活动中为社员增信的相关问题。全书主要探讨的问题分为三个：

（1）为什么农民合作社能够增信？

（2）农民合作社怎样为社员增信？

（3）如何提升农民合作社的增信水平？

通过理论分析，本书阐释了农民合作社增信的机制，一是在社员获贷前成为融资信息的传递者，减轻金融机构与社员间的信息不对称、降低交易成本；二是在社员获贷后作为履约的监督者，利用声誉机制和关联交易对其形成有效制约，降低金融机构对交易不确定性的预期。

通过归纳分析实践中的增信运作模式，本书对农民合作社怎样为社员增信进行了解构与探讨。按照是否承担还款连带责任，增信运作模式可分为三类：转贷模式、承担社员借贷还款连带责任模式、不承担社员借贷还款连带责任模式。分析发现，农民合作社增信存在差异，主要与利益联结机制设计有关。利益联结机制不同，农民合作社的增信能力不同；社员与合作社紧密的利益联结更加有利于社员正规融资的获得。

  本书在对农民合作社增信能力评估量化、增信效果现实检验的实证研究基础上，探讨了如何提升农民合作社增信水平。在实证研究步骤上，本书首先构建了农民合作社增信能力的指标体系，运用结构方程模型的二阶因子分析对样本农民合作社的增信影响力进行估值；接着运用结构方程模型的路径分析构建了社员正规融资模型，并将农民合作社增信的影响引入该模型中，完成对增信效果的现实检验。结果发现，实践中农民合作社增信已经对社员正规融资的获得发挥了促进作用；但在成员结构异质的发展下，增信的促进作用对理事长与核心社员的效果更为明显。为此，本研究提出构建紧密的利益联结机制以强化农民合作社增信的建议。

  本书是在中国农业大学经济管理学院何广文教授的指导下完成的，感谢何广文教授！同时感谢写作过程中给予倾力支持的安徽财经大学金融学院潘淑娟教授、文忠桥教授！本书的出版得到了安徽财经大学农村金融学科特区的大力支持！感谢安徽财经大学农村金融学科特区！农民合作社在实践中不断发展与创新，理论也在不断深化，限于篇幅、时间和水平，本书一定还存在不少的问题，敬请读者批评指正。

潘　婷

2017年5月

目 录
CONTENTS

第 1 章 **导论** / 1
    1.1 研究背景、目的和意义 / 1
    1.2 研究内容、研究方法及逻辑思路框架 / 6
    1.3 文献综述 / 11
    1.4 创新和不足之处 / 23

第 2 章 **农民合作社增信机制阐释** / 26
    2.1 合作社为社员增信的优势条件 / 27
    2.2 信息传递与信号显示 / 32
    2.3 履约激励 / 39

第 3 章 **农民合作社增信运作模式的观察** / 49
    3.1 转贷的运作模式 / 50
    3.2 承担还款连带责任的运作模式 / 56
    3.3 不承担还款连带责任的增信运作模式 / 60

第 4 章 **农民合作社增信的差异：基于不同利益联结方式** / 67
    4.1 不同利益联结机制下农民合作社增信能力的差异 / 68

i

4.2 基于不同利益联结紧密程度的社员融资
影响对比 / 76

第 5 章 **农民合作社增信能力的评估：基于五省调研样本** / 85

5.1 调研设计与说明 / 86

5.2 农民合作社样本的统计描述 / 89

5.3 合作社增信能力评估的实践运用 / 100

5.4 合作社增信能力评估的指标构建与实证 / 103

第 6 章 **农民合作社增信效果的现实检验** / 119

6.1 基于样本社员正规融资的统计描述 / 119

6.2 农民合作社增信效果的实证检验 / 124

第 7 章 **结论及强化增信的利益联结机制构建建议** / 134

7.1 研究结论 / 134

7.2 强化增信的利益联结机制构建建议 / 137

参考文献 / 144

附录 1　不同利益联结紧密程度对社员正规融资
可得性的影响 / 154

附录 2　样本农民合作社增信影响力估值结果 / 158

附录 3　合作社调查问卷 / 161

附录 4　合作社社员调查问卷 / 171

第 1 章
导　　论

1.1　研究背景、目的和意义

1.1.1　研究背景

长期以来，我国农村都存在正规金融机构支持不足的问题，尤其是对于我国以家庭为单位的小规模生产农民来说，融资难问题尤甚（杜晓山，2011）。据调查，我国有金融需求的农民中有 40% 以上不能获得正规信贷支持，能获得正规渠道借款的农民只占 27%（何广文，2010）。农民与金融机构之间信息不对称、缺乏有效抵押担保物品，交易合约实施的高成本是导致农民面临正规融资困境的共识性原因（何广文，2012）。

1. 组织化是缓解农民正规融资约束的有效途径

自农业产业化发展以来，实践中逐渐出现了许多组织化解决农民融资约束创新，包括基于供应链、产业链、物流链等组织化形式，以及基于龙头企业、农民合作社、互助担保等组织化形式，已经引起众多研究农村金融的学者们的关注。虽然说，各种组织化的形式存在差异，但其成功解决农民融资难的关键点是一致的：组织化改善了农民的融资条件（洪正，2010）。具体来说，各类组织作为第三方参与者，在一定程度上缓解了农民与金融机构间的信息不对称；组织化的"批发"形式贷款及监督优势，大大降低了金融机构的交易成本。

特别是以农民合作社组织化方式解决农民融资困难已经逐渐成为一种可行性的共识。何广文（2009）指出，农民合作社是农村经济增长的内生要素，在农民信贷融资中引入农民合作社因素，通过辅助农村正规金融机构开展农民小额信用贷款、为抵押品不足的农民提供担保，以及合作社获得贷款后转贷给农民等多种方式，能够极大地提高农民信贷的可得性。在越来越多的研究学者和实践者们的探索下，农民合作社已逐渐成为缓解农民融资约束的可行途径。

2. 农民合作社是最重要的农业产业组织形式之一

20世纪90年代中期伊始，我国农产品市场格局发生剧烈变化，供给出现地区不均衡的相对过剩。农产品市场竞争加剧，市场导向由卖方市场转向买方市场，农民缺乏对接市场的能力，销售与市场脱节，纯收入增长速度出现连续下降（何广文、冯兴元，2005）。

在这一背景下，自2004年起，我国连续10余年发布以"农村改革"为主题的"中央一号"文件，充分表明了国家解决农村问题的力度和决心，也体现出"三农"问题在我国经济发展中的重要地位。从"一号"文件发布的内容来看，农村改革以对经济改革为主线，最终的落脚点在于提升农业生产力，改善农民生活。其中，产业化、规模化发展是提升农业生产力的主要思路，而收入的提高是改善农民生活的重要方面。然而，我国以家庭为经营单位的小规模农业生产并不利于产业化和规模化农业模式的开展，同时"小农"的生产模式也使得农民缺乏对接"大市场"能力而不利于其收入的提高。提高农民生产的组织化程度是解决这一问题的有效方式（Chaddad & Cook，2004；徐旭初等，2008；黄祖辉等，2012）。农民合作社应运而生，满足了农民和农业适应市场化的需求，是农业组织化的必然要求（黄祖辉，2008）。

农民合作社是带动农户进入市场的基本主体（2013年"中央一号"文件）。自《中华人民共和国农民专业合作社法》实施以来，我国农民合作社呈现爆炸式发展态势，成为农村地区各类经济组织中发展最快的组织形式。

截至2014年末，全国经工商注册登记的农民合作社有128.88万家，资金规模达2.73万亿元，是《合作社法》实施次年（2008年）末数量的11.62倍，资金规模上扩张了30.33倍；仅2014年新增合作社数量就达到30.95万家。从数量发展来看，农民合作社是各类新型经营主体中发展最快的一种经济组织形式，已成为农民与市场联结的重要中介。作为数量庞大的一类农村经济组织，农民合作社对深化农业产业化、提高农业生产组织化、带动农民走向市场、提高农民收入水平极为重要。

如何更加有效率的利用农民合作社组织，充分发挥农民合作社在农业产业发展中、农民生活改善中的作用，尤其是对农民正规融资约束的缓解成为深入研究农民合作社组织作用的题中之义。

3. 成员异质下的利益联结影响农民合作社增信效果

经典合作社的本质特征在于"所有者—惠顾者同一"，社员是同质的。但在我国农民合作社蓬勃发展的过程中，这一本质性的规定正在发生漂移（黄祖辉等，2009），成员异质已经成为我国农民合作社发展初级阶段组织创新最突出的特征之一（林坚，2007；邵科、徐旭初，2008；黄胜忠，2008、2009；苑鹏，2013；于会娟，2013；徐旭初，2014）。随着市场经济的发展和农业产业化发展逐步深入，农民有了更加广阔和自由的发展空间，农村社会分化加深，农民见识眼界、个人能力、生产规模、收入水平等差异逐渐加大，因而农民合作社成员异质的偏离几乎是必然的（徐旭初，2005）。同时，《中国农民专业合作社法》中对成员构成的规定也打破了社员同质的限定。我国农民合作社的发展具有了独特的"中国特色"（苑鹏，2013），即我国农民合作社是由农产品生产经营者、生产服务利用者和提供者共同组成的异质者的组织（黄胜忠，2008；徐旭初，2009；孙亚范，2011；杨军，2012）。

在成员结构异质下，农民合作社的所有权结构、治理结构、收益分配制度等都倾向于贡献相对更大的核心社员。这必然使得异质性农民合作社的利益联结机制设计与经典同质合作社不同，进而对合作社组织的稳定运营、经营绩效，以及可持续发展产生重要的影响。不仅如此，利益联结也对农民合作社促进社员获得正规融资的效果产生影响。笔者在田野调查中也有了初步发现：不同农民合作社促进社员正规融资获得的能力是不同的，社员的融资结果是不同的;并且,即使同一合作社社员,融资结果也是存在差异的。这种究竟是一种偶然的巧合,还是存在一定的逻辑必然性?这种不同社员融资可得性的差异因何造成?这是十分值得展开深入研究的问题。

1.1.2 研究目的

本研究主要从改善农民正规融资约束的视角,探讨农民合作社增信的作用,为此本书探讨的研究问题有以下三个。

1. 农民合作社为什么能够增信?

对这一问题的研究主要是通过阐释农民合作社为社员增信背后的机制来进行的。从既有的多数文献来看,对农民合作社缓解农民融资约束的探讨大多是从合作社成为农民担保抵押的替代机制视角展开研究的。但笔者认为,农民合作社缓解农民正规融资约束的作用不仅仅是单一的在客观事实上或主观形式上的抵押担保替代,更为准确地表述可概括为"增信",亦即增加农民的信用。本书在阐释农民合作社为什么能够增信时,主要按照社员获贷前与获贷后的时序展开分析的。具体来说,一是利用信息传递和信号显示的相关理论模型探讨农民合作社在社员贷前发挥作用的机制;二是从声誉机制、关联交易的相关理论模型分析农民合作社在社员贷后发挥作用的机制。

2. 农民合作社怎样为社员增信?

对这一问题的研究,本书主要从农民合作社在实践中的增信运作模式,以及农民合作社增信存在的差异性展开分析的。其中,归纳实践中农民合作社的增信运作模式能够较为清楚地了解增信操作的流程,是农民合作社怎样为社员增信问题的现实了解。通过对比不同的增信运作模式,笔者发现农民合作社为社员的增信是存在差异的,为什么存在这种差异?是主观选择?还是客观能力所限?这成为农民合作社怎样为社员增信问题的关键所在。

3. 如何提升农民合作社的增信水平?

对这一问题的研究,本书以对农民合作社增信能力的评估、增信现实效果检验的实证分析为基础而展开的。既有的文献对农民合作社缓解农民正规融资约束的效果探讨大多基于局部的实践个案的解析，缺少全局统计性质的现实检验。笔者期望通过自己的田野调查资料和数据，能够对农民合作社增信现实效果进行回答，进而提出提升农民合作社增信水平的建议。为此，本书对这一问题的研究分为三步，一是评估量化样本农民合作社增信的能力；二是将农民合作社增信能力的量化值引入社员正规融资模型中，最终对农民合作社增信效果的现实检验；三是在对现实了解判断的基础上，提出提升农民合作社增信水平的建议。

1.1.3 研究意义

1. 理论意义：拓展组织化缓解农民融资约束研究的深度、丰富合作社仅限于担保的研究

组织化是多种类的宽泛概念，每一类组织化的形式不同，作用的机理和运作都会不同，对农民融资约束困境的解决效果也必将不同，笼统的分析难以做到深入。本书锁定农民合作社这种最为重要的农民经济组织形式，针对农民合作社促进社员融资作用背后的机理、运作、效果等，不失为对一些笼统组织化研究的深入。

既有针对农民合作社在融资中作用发挥所展开的研究，大多指向担保，并且大多以案例研究为主要分析手段，这种研究是具有局限性的。在研究内容上，本书对农民合作社组织发挥的具体作用进行了概括与总结，得出其作用不仅限于担保，还包括信息传递、显示借贷人融资信号、形成对借款人履约激励等，这一研究丰富了合作社增信仅限于担保作用的研究成果。在研究方法上，本书既有案例分析，也有基于田野调查的实证；既有定性的理论模型推导，也有通过实证量化研究方法进行的现实效果检验。因此，本书的研究具有较为重要的理论价值。

2. 实践意义：提高农民合作社组织的综合能力、缓解农民正规融资困境

农民合作社是基于农业产业联合为基础，将农民组织起来，服务农民的经济组织，其主要发挥的是一种经济功能。本书的研究拓展了农民合作社组织的金融性功能，是在其基础经济功能之上的发掘和延伸，即农民合作社从农业产业化的组织功能到农村金融市场的中介功能，从为农民提供经济服务到金融服务的功能延伸，有助于提高了农民合作社在实践中的利用效率和综合能力。本书通过探讨如何构建合理紧密的利益联结机制以发挥农民合作社增信的影响，从而为实践中农民合作社的运作提供了一定的借鉴，为缓解农民正规融资约束提供了新思路。因此，本书的研究具有积极的现实意义。

1.2 研究内容、研究方法及逻辑思路框架

1.2.1 研究内容

本书的研究分六部分展开。

第一部分：农民合作社增信机制阐释

从涉及融资的相关理论出发，结合农民合作社为社员融资增信的实践创新，在与传统借贷两方信贷模式比较，对农民合作社具有的增信优势分析基础上，按照贷款的流程顺序探讨农民合作社为社员增信的理论机制，主要是在社员获得正规贷款前农民合作社发挥信息传递与信号显示的作用；在社员获得贷款后发挥对社员履约的激励作用。

第二部分：农民合作社增信运作模式的观察

根据多次的田野调查，在实践观察的基础上探讨农民合作社增信的运作模式。按照增信的力度，本章对增信运作模式进行归类，对每一类增信运作模式的流程进行归纳，并辅以实践案例解析和运作模式评析。

第三部分：农民合作社增信的差异：基于不同利益联结方式

从利益联结视角探讨农民合作社增信的差异，一是利益联结对农民合作社增信能力影响的差异；二是利益联结对社员融资影响的差异。其中，对农民合作社增信能力影响的差异主要是按照利益联结机制的类别展开分析的。对社员融资影响的差异研究是在相对的利益联结紧密与松散的假设下，运用

理论模型推导，分析对社员融资影响的差异进行的。

第四部分：合作社增信能力的评估：基于五省调研样本

利用田野调查的样本合作社数据，对农民合作社的增信能力（指标名称是"增信影响力"）进行实证估值，为实践中评估农民合作社增信能力提供借鉴，为实证检验农民合作社增信效果提供分析基础。

第五部分：农民合作社增信效果的现实检验

构建社员正规融资模型，主要利用调查样本社员数据，将农民合作社增信能力的估值和社员异质性的身份差异引入实证模型，判断检验农民合作社增信对社员正规融资可得性的影响程度。

第六部分：结论及强化增信的利益联结机制构建建议

总结全文的研究结论，提出相关的策略建议，主要包括：社员资格封闭有利于利益联结稳定；按交易额（量）分配利益有利于利益联结机制优化；基于项目合作有利于异质性合作社的利益联结；基于产权合作有利于打造利益共同体。

1.2.2　研究方法

本研究在国内外相关研究的基础上，利用实地调研数据，对农民合作社增信进行深入分析和实证。具体研究方法说明如下。

1. 系统的分析方法

农业产业化是农村发展中极为重要的内容，是一个多层次多构成的系统性发展政策，农业组织化发展程度、农村金融的支持力度，以及两者的有机结合对农业产业化发展产生巨大影响，以此展开研究。即以农业产业化、组织化发展为背景，探讨农民合作社这一组织形式在缓解农民融资困境发挥的作用机制，并在此基础上评估其影响力、检验现实效果。

2. 田野调查与市场主体行为研究法

通过田野调查，总结归纳实践中的创新做法，将农民合作社纳入农民正规融资活动参与者的分析框架中，探讨农民合作社促进农民正规融资可得性的模式,以及作用程度差异。

3. 数理和计量分析法

(1) 结合田野调查的数据进行统计分析。

(2) 农民合作社增信影响力评估分析。主要采用结构方程模型的二阶因子分析方法,运用 SPSS 软件和 AMOS 软件构建农民合作社增信影响力模型,将反映增信影响力的指标分为三类一阶因子(组织特征、利益联结、社会影响),在对每类因子量化的基础上,最终量化了二阶因子——增信影响力。根据模型方程,代入田野调查数据,最终实现样本农民合作社增信影响力的量化。见图 1-1。

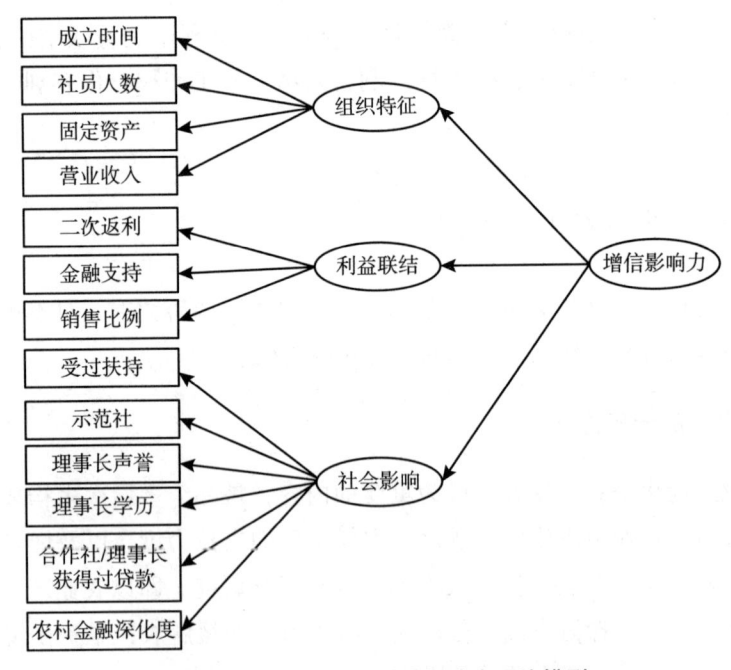

图 1-1 农民合作社增信影响力理论模型

增信影响力结构方程的测量方程模型:

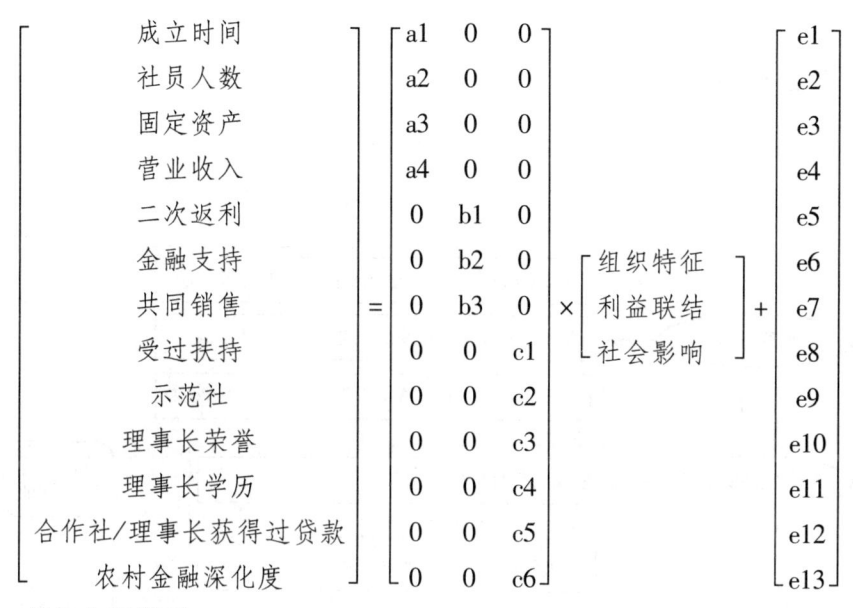

$$\begin{bmatrix} 成立时间 \\ 社员人数 \\ 固定资产 \\ 营业收入 \\ 二次返利 \\ 金融支持 \\ 共同销售 \\ 受过扶持 \\ 示范社 \\ 理事长荣誉 \\ 理事长学历 \\ 合作社/理事长获得过贷款 \\ 农村金融深化度 \end{bmatrix} = \begin{bmatrix} a1 & 0 & 0 \\ a2 & 0 & 0 \\ a3 & 0 & 0 \\ a4 & 0 & 0 \\ 0 & b1 & 0 \\ 0 & b2 & 0 \\ 0 & b3 & 0 \\ 0 & 0 & c1 \\ 0 & 0 & c2 \\ 0 & 0 & c3 \\ 0 & 0 & c4 \\ 0 & 0 & c5 \\ 0 & 0 & c6 \end{bmatrix} \times \begin{bmatrix} 组织特征 \\ 利益联结 \\ 社会影响 \end{bmatrix} + \begin{bmatrix} e1 \\ e2 \\ e3 \\ e4 \\ e5 \\ e6 \\ e7 \\ e8 \\ e9 \\ e10 \\ e11 \\ e12 \\ e13 \end{bmatrix}$$

结构方程模型：

$$增信影响力 = \alpha \times 组织特征 + \beta \times 利益联结 + \gamma \times 社会影响$$

（3）农民合作社增信效果的现实检验分析。主要采用结构方程模型的路径分析方法，运用SPSS软件和AMOS软件构建社员正规融资理论模型，将社员正规融资可得性的影响因素分为三类，即个人因素、合作社因素、地域差异因素，根据路径系数大小检验农民合作社的增信效果。见图1-2。

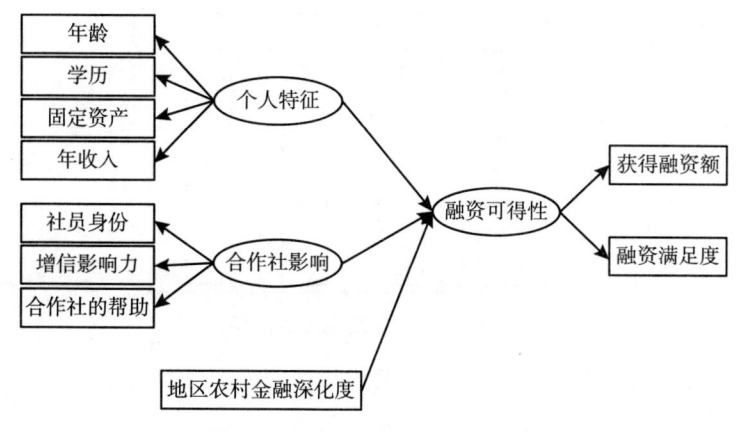

图1-2 社员正规融资理论模型

1.2.3 逻辑思路框架

见图1-3。

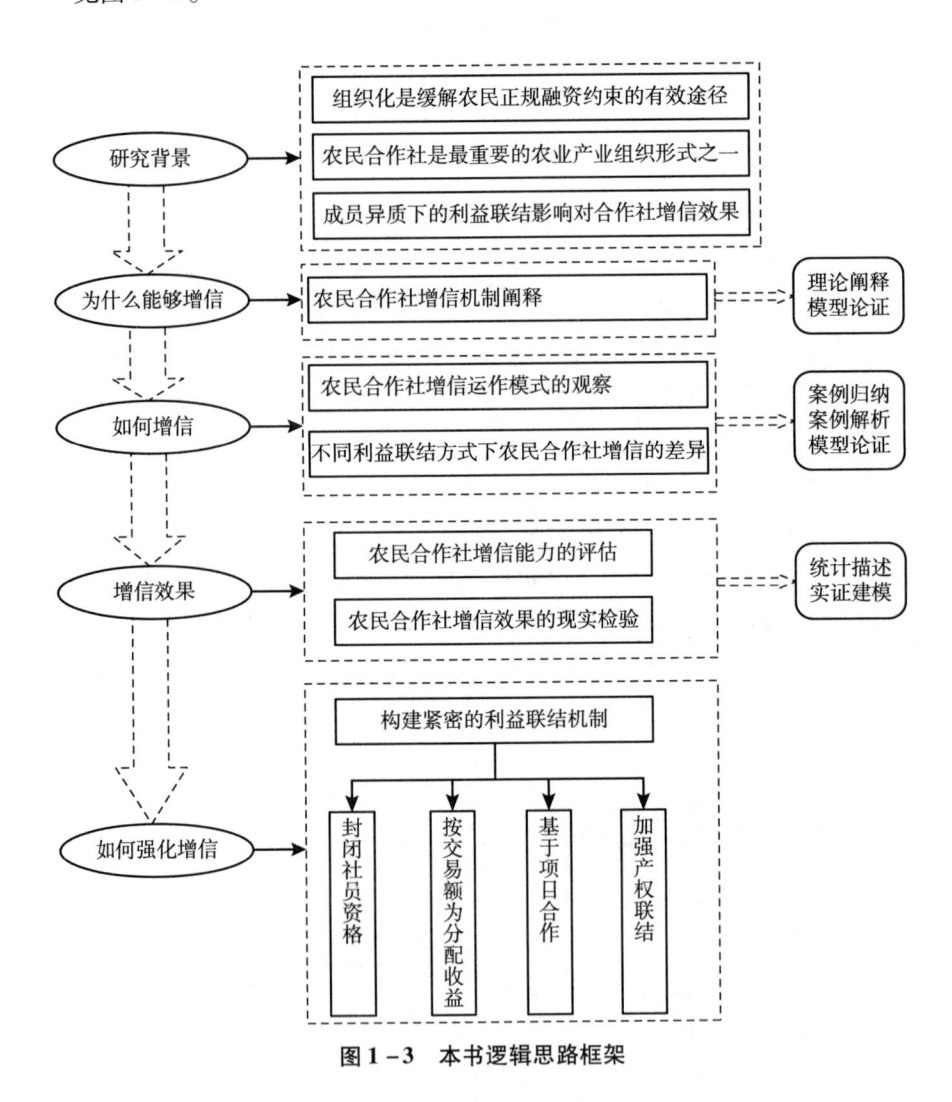

图1-3 本书逻辑思路框架

1.3 文献综述

既有的文献研究并未明确地提出农民合作社的"增信"作用，从金融行为角度来说，"增信"是本书的一种概念性创新。而与本书研究主题相关的主要来自三个方面：一是组织化缓解农民正规融资约束的研究。农民合作社是组织化形式的一种，对组织化缓解农民正规融资约束的研究也包括了部分对农民合作社的研究。二是农民合作社为社员担保的研究。担保是农民合作社增信作用的一种类型，对农民合作社为社员担保的研究也是与本书增信研究相关的内容。三是农民合作社利益联结机制的研究。利益是农民组建合作社的动机与出发点，利益联结机制是农民合作社利益分配的制度性体现；在成员异质的现实发展下，利益联结机制的设计对农民合作社的发展将产生重要的影响。特别是利益联结的紧密程度影响着农民合作社增信的动机与意愿，以及增信的力度，进而对社员正规融资的促进作用产生不同的影响，因而也是与本书研究主题相关的内容。由于组织化缓解农民正规融资约束的研究中包括了农民合作社组织形式以担保方式发挥的作用研究，因此，本书的研究综述主要分为两部分：一是异质性农民合作社利益联结的研究；二是基于组织化缓解农民正规融资约束的研究。

1.3.1 基于组织化缓解农民正规融资约束的研究

组织化是改善融资条件的首要机制（洪正，2010），农民以组织化方式参与正规融资主要是指农民通过第三方中介与金融机构进行融资交易的方式。根据已有的研究和实践，农民组织化的第三方中介主要包括专业融资中介（如社区性互助型的担保基金会、担保合作社等）与非专业融资中介（如龙头企业、农民合作社等经营性主体）。既有研究主要从三个方面展开，即组织化方式缓解农民正规融资困境的研究：内在逻辑、理论阐释、模式选择。

1. 组织化缓解农民正规融资困境的理论阐释

（1）抵押担保的替代。

逆向选择和道德风险是融资交易活动中贷款人面临的主要信贷风险。特别是以农民为承贷主体的正规融资交易活动中,缺少获取农民融资信息的渠道或是获取信息的成本过高,使得金融机构将面临比与其他类型借贷主体交易更高的信贷风险。抵押和担保能够弥补信息不对称的问题,金融机构因此能够在很大程度上减轻与农民交易的信贷风险(何广文,2001),是克服信贷风险的基本手段(洪正,2010),田秀娟、王玮(2010)在对1962份农户问卷和208份农村中小企业问卷数据实证的基础上,指出信贷担保促进了农村经济主体的贷款可得性。但农民普遍缺乏银行可接受的抵押品(林毅夫,2006),农村金融市场面临着农民"贷款难"与金融机构"难贷款"的双重困境。

农民以组织化方式参与正规融资交易活动,相当于引入"中介担保人",一方面向金融机构传递农民信用水平的信号(胡士华,2007),减少对与农民交易不确定的预期,提高了农民融资的可获得性;另一方面在交易后有助于制约农户的道德风险,增强契约自履约机制(辛德树、刘学忠、兰澄世,2005),降低金融机构的信贷风险。充当中介的组织发挥了一种类似信誉证明和还贷责任保证(胡士华,2007)的双重作用,是一种对传统担保品的替代。

从组织化"中介担保人"的类型来看,可分为专业型的组织和非专业型的组织。

首先,专业型担保组织是通过成立担保基金的方式,用集体的资金为社员进行的担保。如田秀娟、吴滋兴、王玮(2010)对福建省霞浦县石湖农业发展担保公司的案例,刘赐良、陈鹏(2011)探讨的双水村担保合作社的案例。两个案例都是专门以为本村村民向当地农村商业银行申请贷款时,为其提供担保的中介组织。担保合作社/公司的作用就是,一方面解决了村民因资产缺乏可流转性而无法作为担保品,因而难以获贷的难题;另一方面大大地降低了金融机构对与农民交易不确定性的预期,提高了金融机构的参与积极性。

此外,非专业型的组织主要是指农业产业化组织在农业生产联合之上的为社员的实质性的担保,或者是虚拟象征性的名誉提升了借贷者的信任度。如邓俊淼(2010)对河南省社旗"农民专业合作社+农村信用社"模式的考察,他以河南省社旗县小杂粮合作社为分析案例,指出正是该合作社的良好信誉使得成员农户从正规信贷机构获得贷款更加容易,并且合作社在农业生产上的联系保障了社员稳定的生产和销售收益,增加了农民的收入,增加了金融机构对农民还款能力的认知度,也促进了农民贷款的获得率。

(2) 监督履约。

缓解农民正规融资困境的关键在于增加农民与金融机构的信息对称性,以减少农民逆向选择和道德风险问题的发生(何广文,2002),担保是弥补信息不对称的一种解决方式,而监督则是缩小信息不对称差距的重要方法(Holmstrom,1979),对抵押品要求具有替代效应(Conning,1996;Holmstrom & Tirole,1997)。组织化的监督实质上是一种代理性质的监督,适当的组织化监督方式可以提高农民正规融资的可得性。一般来说,农民愿意参与的各类经济组织都是属于同一社会生活圈层的组织,组织内部存在我国农村特有的圈层结构下的千丝万缕的联系,如田秀娟等、吴滋兴、王玮(2010)研究的福建省霞浦县石湖农业发展担保公司是以石湖村村民为服务对象;刘赐良、陈鹏(2011)探讨的双水村担保合作社是以双水村村民为服务对象,在这种背景下,组织化的监督成本较低且监督效率较高。

特别是农村新型经济组织在监督中的作用引起了较多学者的关注。在农业产业化发展中,农村新型经济组织的主要作用是联结农民与市场的中介,为农民提供与其所从事农业生产相关的服务;但在正规融资活动中,农村新型经济组织还能够发挥对分散农民道德风险行为监督与约束的作用(洪正,2010)。不仅如此,农民对组织监督的积极配合性也较好,邓伟平(2015)通过对广东省清远市29家农民专业合作社292户入社农户的调查数据进行实证分析,证实了入社农民对以农民合作社为平台的融资模式的参与意愿比较高。因此,在农民正规融资活动中,引进农村新型经济组织作为第三方参与中介,有助于加强农产品生产流通的监控,进而对农民贷款的资金用途形成有效监督。

首先,金融机构缺少与农民活动的交集,而新型经济组织与农民之间存在着产业上、经济上的联系,可以有效对农民获得贷款后的道德风险进行监督,因此,新型经济组织的监督效率要高于金融机构(董晓林,2008)。其次,新型经济组织的类型不同,如农民合作社/专业协会、龙头企业等,经营组织形式的紧密程度不同,监督效率也存在差异(洪正,2010)。具体来说,农民合作社或者专业协会是农民自发组建的经济组织,可以充分发挥相互监督优势来制约借贷农民事后道德风险问题,减少投资收益转移的可能。因此,相较龙头企业而言，其监督的效率更高。紧密型的组织模式都更有利于促进农民正规融资。

2. 组织化缓解农民正规融资困境的内在逻辑

学者们较为一致的研究观点是，组织化对农村金融市场正式制度与圈层社会非正式制度的结合运用是其能够缓解农民正规融资约束的根源，是一种农村金融机构的资金优势与农村圈层社会的信息优势相结合的一种金融联结（武翔宇，2008）。

"差序格局"是费孝通（2007）在研究中国农村社会关系与结构时提出了的概念，实质上，这种"差序格局"体现的是在我国传统农村建立起来的以血缘为核心、以地缘为依托、以村庄为单位的圈层社会关系结构（陈明，2011）。而同处于一个圈层结构内的人们经过长期的交往，产生一种特殊的信任关系，这种特殊的信任关系在相当程度上影响着人们日常交往行为，制约着合作行为的发生、发展（赵泉民，2007）。

我国农村的各类组织，无论是专业型融资中介的组织，还是非专业型融资中介的产业经济组织，大多在家族村落深厚的社会基础上形成，同时具有覆盖地域范围狭小性、经济活动本乡本土性，以及参与者之间熟人性的特征，从本质上来说，这些组织本就是我国农村社会中的圈层。基于组织化的农民经济活动是在组织圈层内重复交易进行的，这种重复的交易形成了较为紧密的人际关系，对组织内的个人行为形成了较强的约束力（周天芸，2012），这种约束力就是——交易违约行为将受到惩罚（青木昌彦，2001）。田秀娟（2010）对农村社区互助担保机构进行了研究，她认为小范围的活动比较容易形成一致的道德规范，每个参与活动的人都受到这一规范的强制约，不按时还款而违约的参与人都将受到舆论的谴责，无法在组织内立足。

另一些学者认为农村圈层社会形成的人际关系网络是一种社会资本，这种社会资本能够在农民融资活动中起到一种隐性抵押担保的作用（赵学军，2014），对农民融资可得性发挥了促进作用（叶敬忠等，2004；张建杰，2008；徐璋勇等，2014）。而孙颖（2013）将合作组织视为农民的一种社会资本，指出合作组织提高了农户的正规融资的获得性。

3. 组织化模式的选择和评析

从既有文献看，政府组建担保公司、农民自组织担保基金/公司、依托产业化组织是学者们持有的组织化改善农民正规融资困境的主要形式。

（1）政府组建担保公司的评析。胡士华（2006）将政府组建担保公司解决融资困境的操作模式分为两种，一种是政策性运作模式；另一种是市场化运作模式。他进一步分析两种操作的利弊，指出政策性运作能够较快投入运作，但易于产生行政化倾向，且存在监督效率低的问题，使得担保的绩效不高；而市场化运作模式需要设计有效的激励机制以尽可能避免担保中的多重委托代理关系。董晓林（2008）对多年的田野调查进行总结，认为商业性担保公司的担保费用较高，不适宜农民小额贷款担保活动，应在广泛的社会资源参与基础上，由政府出资组建政策性的农村信用担保机构，实行市场化运作模式较为可行。此外，一些学者还对基于产业链合作的担保案例进行了探讨，如郎波（2013）对新希望农牧担保公司的案例进行了分析，该担保公司采取"八位一体"的运作模式，其特点是担保公司直接与农民对接、并负责协助监督其还款，通过包括政府部门、企业、保险公司、农民合作社等多方参与的担保合作，最终实现专款专用的预期效果。刘西川（2013）对资阳市以生猪养殖产业链为依托、组建"六方合作+保险"的担保模式进行了研究，其主要特点是通过构建由市政府牵头、由人民银行主导推进构建信用担保体系，实现对各方参与主体的激励相容。

（2）自组织专业型担保公司的评析。田秀娟、吴滋兴、王玮（2010）、刘赐良、陈鹏（2011）都对这类组织化专业型担保进行了分析，这类组织化形式的担保提高了信贷效率、增加农村信贷投入、降低了交易成本、推动农村社会的信用环境建设。

（3）依托产业化的组织化形式。依托的产业化组织主要由龙头企业、农民合作社等组织载体构成。韩喜平、金运（2014）称这一类型的组织化为互助担保，认为这是一种基于亲缘、地缘、业缘等社会网络而建立的具有会员制性质的信用共同体，具有互助、互保、互督的特点。

①龙头企业组织化形式。林毅夫（2007）提出可通过尝试"龙头企业+担保公司+银行+农户"的模式来缓解农民正规融资困难的问题。董晓林等

（2008）认为龙头企业能够利用与农民的关系充分掌握其信息、并控制其资金流，因而由龙头企业作为组织化担保主体的担保风险较小，并且能够大大降低金融机构与农民间的信息不对称问题以及监督问题。秦红松（2014）分析了以农业产业化龙头企业主持运营的互助担保模式，认为该模式能够利用农业产业化龙头企业与农户的捆绑交易关系建立一套利益持久博弈、便于经济惩罚的风险约束机制，但龙头企业的强势地位通过担保可能强化了农产品交易的不公平性，而且银行没有对龙头企业的绝对主动控制地位，因而依旧面临信贷风险。

②农民合作社组织化形式。何广文（2009）指出将农民合作社引入农民正规融资交易活动中，能够有效地促进农民正规融资的获得。胡士华等（2012）通过对贷款监督对抵押担保影响机制及效应的分析，指出农民合作社在社员融资活动中，具有监督和提议的功能，提倡农村金融机构可以以农民合作社这一组织形式为中介，或者允许农民合作社以参股或控股方式来组建农村金融机构，来缓解农民融资困境。王静、霍学喜等（2011）通过分析陕西省洛川县果农资金借贷现状及存在的问题，要切实解决农民贷款难问题和防范贷款信用风险，应将农民专业合作组织作为保证人引入融资担保机制中，使之参与金融机构与农户之间的金融交易，试图通过这种组织模式本身所具有的优势来缓解农户的融资压力，使得农户融资担保机制日臻完善。

1.3.2 异质性农民合作社利益联结的研究

在我国的经济发展中，信贷配给是长期存在的问题，特别是我国农村地区，资金更是一直以来最为稀缺的资源。自农业现代化建设发展战略以来，我国农业的生产效率和组织化程度显著提高，但若真正实现农业现代化，仍需大量的资金支持。特别是作为农业的重要组织形式的农民合作社的发展，甚至生存都更加离不开资金的支持。在市场经济条件下，农民合作社对资金资源要素的稀缺程度是远大于劳动资源要素的，根据资源配置机理，农民合作社要吸引资金进入，就需要给予资金要素至少不低于参与其他经济活动的回报。然而，农民合作社自出现以来，作为农民自愿的合作经济组织，一直以来以服务社员为主要目标，奉行劳动支配资本的经营方式，实行按交易额

（量）分配收益、资本报酬有限的合作原则。这就使得农民合作社在服务社员与盈利生存两者之间顾此失彼（夏冬泓、杨杰，2010）。在此背景下，利益联结机制设计问题逐渐成为研究农民合作社发展的重要议题之一。

所谓农民合作社的利益联结，主要是社员间以某一合作模式体现在经济上的联系，其外在表现是社员与社员间的联结模式，内涵是社员间的利益共享和风险共担。传统经典合作社以同质农民间的合作为主要特征，利益联结机制也以同质社员合作而设计。但随着社会的变迁、农业产业的发展、现代技术的改进等，农民的发展有前后，进而拥有的资源要素不同，异质性日益显著（林坚，2007；黄胜忠，2008等），这就使得农民社员合作的基础不再与传统经典合作社相同，由同质性社员合作转为异质性社员间的合作。实践中社员间利益联结形式也发生变化，学者们对此展开了详尽而有深度的研究。从既有的文献来看，对农民合作社利益联结的研究主要以利益分配体现的利益共享程度的分析，而主以对利益分配的探讨为主脉络而展开，主要包括以下三个方面。

1. 利益联结的现状分析

（1）"利益共享"的现实调查。

从基于地区性调查的研究结果来看，我国农民合作社利益分配的状况如下。

①纯粹以传统合作原则的按交易额（量）分配盈利的合作社较少，已形成共识性的调查结果，研究的学者主要包括郑丹（2011）、孔祥智（2012）、高钰玲（2014）、赵晓峰（2015）。

②按股分配与按交易量分配相结合的利益分配方式是研究样本地区所占比重最多的选择，如郑丹（2011）对山东青岛市、青海海东地区两地的实地调研；高钰玲（2014）对浙江省、四川省、黑龙江省82个县区抽样266家农民合作社示范社的实地调查等。

③但也有一些学者调查的地区样本合作社以按股份为主要盈利分配方式，如颜华、冯婷（2015）对黑龙江省25家种植业合作社进行调查，有64%的合作社实行按股分红；魏姗（2009）对陕西省关中地区10个县区52家果蔬类合作社的实地调研，指出股份分红为主要利益分配方式；孔祥智等

(2012)对全国150家农民合作社进行了调查,指出近九成比例的农民合作社完全按出股份分配盈余。

以上的研究结果表明,我国农民合作社较传统经典合作社已经异化,"资本报酬有限"的合作原则已经打破,但按交易额(量)分配利益的合作原则并未被弃之。对资金要素给予更多回报的现实表明了我国农民合作社对于资金支持的迫切,而这一利益分配形式结果的背后,更多地体现出我国农民合作社逐渐倾向于资本支配劳动的企业化运作方式。农民合作社要在市场经济条件下存续和发展,给予有贡献的所有要素合理的激励是必要的(周振、孔祥智,2015)。但是,农民合作社毕竟不是企业,利益分配也不能脱离合作的本质,而且利益分配是合作社利益联结的最直接体现,并不是唯一的体现。合作社为社员提供的非直接经济利益的服务,如技术信息服务、提供销售渠道、生产资料的统一购买、对社员生产资料的赊用等也都是一种与社员利益上的联结。

正如冯开文(2006)所陈述的,利益分配制度是农民合作社产权结构、治理结构的体现和折射,也是经济绩效的反映。通过利益分配体现的利益联结,受到了多种因素的影响,也影响着合作社的方方面面。

(2)"风险共担"的现状分析。

既有的文献研究较少直接探讨异质性合作社的风险分担状况,但由于风险是与投入成本相对应的概念,对异质性社员的探讨大多以投入的差异为基础,从某种角度来说是一种对于风险承担的分析。归纳来说,异质性农民合作社"风险共担"的利益联结主要表现为以下两点。

①建立要资源要素投入上的"风险共担"。

农民合作社是基于农业产业生产联合的经济组织,农业产业自然风险不可控的天然弱质性、农产品市场的价格波动性、合作社经营管理的专用性等都是其无法避免而要面对的风险。由于传统经典合作社以同质社员为合作基础,合作社风险自然也由所有社员共担。

但市场经济条件下我国农村社会阶层分化迅速,收入来源与水平、家庭经济基础、农业生产规模和生产能力都产生差异,这种农村社会阶层分化对农民合作社的异质性社员结构产生了重要影响(赵晓峰,2012),即异质性社员参与合作社的意愿和动机不同、参与能力不同,因而参与的利益诉求也不同。基于拥有的资源禀赋决定了农民这种参与合作社的动机、目的和角色（林坚、黄胜忠，2007）。而社员一旦对合作社投入了自己拥有的资源禀赋，就在某种程度上形成了具有专用性资源特征的投入，投入的回报率以及机会成本成为其所承担的投入风险。因此，可以说，异质性农民合作社的"风险共担"是建立在资源要素投入上的共担，而不是建立在社员基础上的均担。

②稀缺性资源要素承担的风险更大。

在农民合作社存续发展的自然资源、资金资源、人力资源、社会资源的四类关键资源中（林坚、黄胜忠，2007），资金资源、人力资源、社会资源都是我国农村地区稀缺性的资源要素。首先，资金资源的稀缺性是毋庸置疑、达成了共识。其次，企业家具有的人力资源和社会资源要素也是稀缺的。这是因为，我国农村地区长期以来以家庭小规模农业生产为主的经营模式，使得大多数农民限制了扩大生产规模、提高生产效率意识的产生；而又由于我国农民普遍受教育水平不高，使得其缺少以组织化、规模化生产对接"大市场"的能力。因而可以说，农村地区是缺乏企业家的，企业家所拥有的人力资源和社会资源也成为经济组织发展的稀缺要素。由于稀缺性资源要素的机会成本较大，因此其承担的风险相对较大。

③风险分担的机制设计。

黄胜忠（2014）构建了风险分担的农民专业合作社盈余分配模型，为既有关于合作社利益联结的研究提供了更深一步的思考。他的研究主要从四个方面展开设计的：合作社成员的资源享赋、合作社成员的参与行为、合作社风险的分担情况以及合作社盈余分配。通过对这四个方面的分析，他提出了三点构思，其一，为解决部分社员初始资本投入不足而提出扣留"一次让利"利润的建议；其二，以社员资本占合作社总资本比例为参考的风险分担机制实施；其三，以实现合作社良好运作、可持续发展为目的的交易额返利比率和公积金比例的合理确定。

此外，潘婷、何广文等（2015）提出的构建合作社项目构建的利益共同体也为合作社"风险分担"的利益联结提供了一定的借鉴。

2. 利益联结的影响

如果把合作社看作是一系列契约的组合，契约的安排影响了各合作社成员在利益分配中的权益（Jia et al, 2011），而契约的安排则体现的是相互之间的利益联结。因此，合作社的利益联结不仅对合作社的发展产生影响，也对其社员个体产生影响。已有文献对利益联结影响的看法较为一致，认为紧密的利益联结对农民合作社的稳定发展十分重要（孙亚范，2008，2011；Bijman et al，2012），对合作社的绩效和社员的增收都存在积极影响。但对利益联结探讨大多从利益分配为研究出发点，且各学者对利益联结的理解与构建何种的利益分配机制存在研究差异。

孙亚范、余海鹏（2012）、田艳丽、修长柏（2014）均通过对调研样本的实证研究指出，按交易额（量）分配盈余对合作社经营绩效影响显著，赵彩云等（2013）则进一步指出，按交易额（量）分配盈余的比例越高，合作社的经营绩效越好。

周振、孔祥智（2015）赞成合作社的盈余按照要素投入进行分配，通过对黑龙江省克山县仁发农机合作社的案例研究，指出按要素投入分配利益实现了对要素所有者投入要素的激励相容，有利于合作社经营规模的扩张。

赵晓峰（2015）针对普通社员在合作社经营管理、利益分配获取上的弱势地位，提出"会员制"困境的概念，其实质是探讨普通社员与合作社的松散利益联结造成的合作社制度表达与制度实践的背离，使得合作社偏离规范性运作，不利于健康可持续发展。

颜华、冯婷（2015）对黑龙江省25家种植合作社的调查数据进行实证分析，指出普通社员的利益实现受核心社员出资比例的较大影响。并提出构建"契约+服务+返还+分红"四位一体的利益联结机制、"二次返利+股份分红+公积金账户"三次分配的利益分配机制、"普通成员部分委托+核心成员有限代理"的双向利益协调机制和"普通成员+主管部门"双重利益监管机制的建议。

李尚勇（2011）认为传统的合作制度逻辑使得农民合作社只能实行以劳动联结为基础的利益分享制度，这种利益联结将造成农民合作社运行的低效率。

王军（2011）从监督、划片经营制度、事后奖惩机制和定价机制防范四个方面具体设计了利益联结的实施形式，有助于约束社员机会主义的行为。

孙艳华等（2007）是既有研究中为数不多的通过对独立农户与合作社社

员对比展开的研究,其通过对 3 家不同利益联结机制设计的合作社社员收入水平的考察,以及独立养殖户收入水平的对比,得出三点结论:一是农民合作社对社员增收的绩效高于独立养殖农民;二是不同的利益联结机制设计对合作社社员的增收绩效存在差异;三是特别指出"利润返还"的利益联结机制对社员增收绩效最为显著。根据分析结论,她进一步提出加强利益联结的紧密程度,真正落实实现"利润返还"的合作原则的建议。

秦中春(2007)主要通过某茶叶合作社的研究案例,对比了该合作社利益联结机制改制前后给合作社自身及社员带来的变化,即通过将松散型的利益联结改制为紧密型的利益联结机制之后,合作社自身的发展环境得到了改善,并由此带来了可持续发展能力的增强,同时社员也显著地提高了种植茶叶所获得的收入和利润。他特别提出,在不改变"合作"本质的基础上,可尝试创新性的将传统的"二次分配"制度改为土地入股制度。

1.3.3 对文献的述评

既有的研究丰富了农民合作经济、农民融资研究领域的成果,为本书的研究给予较好的参考和借鉴。但是总的来说,无论是合作社利益联结的相关研究,还是组织化缓解农民正规融资困境的研究,都还处在研究的初级阶段,相关的研究成果较少,内容并不够充分、丰富,还未形成一整套分析的理论体系。

1. 组织化缓解农民正规融资困境的研究缺少针对性的深入探讨

首先,组织化形式缓解农民融资约束的议题已经在实践中多有借鉴,学者们也多有探讨,形成了较为一致的认可。但不得不说组织化的形式是多样的,而每一类组织在运作模式、经营目标、与其合作的成员关系都存在着一定的差异,这必然会造成不同组织化形式缓解农民融资约束的意愿、能力,以及形式有所不同。因此,有针对性的讨论是十分必要的。特别是作为数量发展最为迅速的农民合作社已经成为了农民加入的最主要的经济组织之一,农民合作社组织形式在缓解农民融资的运用更加提高了其利用的效率。

其次,就既有对组织化缓解农民融资约束所应用的方式研究主要是针对担保展开，但一些田野调查的学者和笔者的实地调查发现，作为农民合作社组织形式，担保并不是其唯一缓解农民融资约束的手段，既有的研究缺少对合作社作用机制的全面探讨，也缺乏对现实中合作社已经发挥作用的评估与判断。本书尝试对农民合作社缓解农民融资约束的机制展开深入探讨，认为可将其发挥的作用归纳成为"增信"（即增加农民的信用水平）更为合适，在全面理论探讨的基础上，本书尝试对调研的样本数据实证分析，以期对现实的状况进行较为科学的评判。

2. 利益联结的理解和研究存在局限

（1）"利益""收益""盈余""盈利""盈余"等表达混用不清。既有的文章探讨农民合作社的收入归属，在表达上采用"利益""收益""盈余""盈利""盈余"等多种方式，不利于辨清研究的主旨和差异。

（2）利益的探讨只以收益为主线，缺少对风险的深度研究。绝大多数文献主要以利益分配为主要研究内容，更多考量的是合作社在生产经营活动中产生的利润归属，而较少涉及合作社风险（包括产业的自然风险、管理风险、农产品市场的风险）。众所周知，利益分享以承担相应风险为前提，对农民合作社的利益分配制度的设计离不开风险承担的归属。既有的研究大多是以合作社利益分配为主线，在分析当前合作社利益分配弊病或是设计借鉴有效的利益分配制度时，对风险分担的研究与建议大多寥寥几笔带过。

（3）对利益联结影响的研究不透深入。从对合作社利益联结的影响研究看，大致分为两块，一是对农民合作社绩效产生影响，包括合作社运作规范性、市场竞争力、经营规模扩张、约束搭便车行为等；二是对社员的利益实现产生影响，主要是指对社员收入的影响。根据组织化缓解农民融资困境的研究，利益联结对农民合作社缓解社员融资将产生重要影响，但鲜有文章对合作社利益联结影响的研究进行探讨。

笔者认为，合作社收入的归属分配只是参与农民利益实现的一部分，"收益""盈余""盈利""盈余"则更多体现的是参与农民在现金收入上的内容，农民参与合作社获得各类服务、市场地位的改善都是其利益的一部分，因而，本书认为使用"利益"来表述农民与合作社之间的经济关系更为准确。其次，既然农民通过农民合作社组织的形式获取利益，则农民必然须承担相应的风险，因而仅以利益分配研究农民与合作社的经济关系并不够全面。利益联结则不仅体现了农民与合作社利益共享的现实，也弥补农民与合作社必须风险共担的要求，更为精准的描述了农民与合作社的经济关系。此外，许多学者都一致认为利益分配制度是合作社制度的核心，对合作社发展的方方面面有着极为重要的影响。但对于合作社组织改善农民融资约束的研究却较少将利益联结纳入研究体系中，本书尝试弥补这一方面的缺失。

1.4　创新和不足之处

1.4.1　可能的创新点

1. 探索农民合作社在缓解农民融资约束中的增信机制及其影响

既有文献研究中，对农民合作社组织形式缓解农民融资约束的影响大多归类为担保替代作用。通过多次的实地调查，笔者发现仅将农民合作社缓解农民融资困境的作用归类为担保存在一定的局限性，农民合作社还在减轻借贷农民与正规金融机构间的信息不对称、降低金融机构的交易和监督成本、激励自履约等方面发挥了一定的积极作用，而这也是以往阻碍农民获得正规融资的重要影响因素。因此，本书认为将农民合作社在促进农民正规融资获得的作用称之为"增信"（增加信用水平）更为合适，这既是一种概念的创新，又是一种机制的创新。在此界定下，本书通过构建"增信影响力"指标体系，对农民合作社的增信进行了探讨，并利用样本合作社的数据尝试对"增信影响力"进行了量化，为对农民合作社增信作用的评价以及以农民合作社作为增信中介模式的推行提供借鉴。

2. 探讨利益联结机制对农民合作社增信的差异性影响

利益联结包括"利益共享"与"风险共担"两方面，利益共享以风险共担为基础，风险共担以利益共享为目的。对农民合作社利益联结的研究应从利益与风险两个视角进行研究。但既有对农民合作社利益联结的研究大多从利益分配单一视角展开探讨，缺少对风险共担研究的思考。同时，即使从单一视角利益分配研究其产生的影响，主要集中在合作社运营绩效与可持续发展、农民经济收入水平两个方面。本书在已有研究的基础上，从利益共享与风险共担双视角对农民合作社的利益联结机制重新进行了分类考察，并着重在缓解农民融资困境的分析范式下，探讨了利益联结机制对农民合作社增信的差异性影响。从而为农民合作社组织缓解农民融资困境的研究提供新的分析思路。

3. 检验合作社增信对异质性社员正规融资的现实影响程度

无论是在较大范围内探讨组织化缓解农民融资困境，还是小角度针对农民合作社促进社员正规融资获得的研究，既有的文献大多以理论和案例分析为主。现实中，组织化缓解农民融资困境的影响程度如何？或者说，农民合作社促进社员正规融资获得的成效如何？既有的研究都缺少对现实的检验。对实践问题的理论研究最终以回归实践、促进实践发展为目的，只有对实践充分的掌握，才能够更加准确、更加深入的展开研究，最终以促进实践向积极方向发展。本书利用对五省（皖、鲁、浙、黑、川）田野调查的抽样数据，运用实证分析方法，较为科学的检验了农民合作组织形式对社员融资获得的改进程度，弥补了现有研究的缺憾，为以后深入探讨如何更加有效合理的发挥农民合作社缓解社员融资约束提供了基础。

1.4.2 不足之处

文中尚存在许多不足，主要表现在以下三个方面。

（1）对农民正规融资的研究不仅包括融资可得性的研究，也应包括融资需求的研究，融资获得以融资需求为基础。农民合作社组织形式对社员的融资需求是否产生影响、对社员的融资行为产生何种影响也应是组织化缓解农民融资困境范式下的研究内容。但在实地调查中，社员的意愿融资需求和有效融资需求难以区别，而对社员融资可得性的影响需要从社员和金融机构两个方面进行佐证，而由于样本社员数量较多，难以做到一一佐证，因而难以进行量化，因此本书缺少对融资需求的探讨。

（2）本书对农民合作社"增信影响力"指标体系设计时，对于一些观测变量指标的量化不够精。如对反映利益联结程度的重要变量"二次返利"指标，仅以"是""否"量化成为 0 或 1，这主要与调研中各合作社返利的标准不统一，有待进一步深入探讨。此外，在量化指标中还存在一些类似的量化不够精准的问题。

（3）本书对农民合作社为增信中介视角的研究，欠缺金融机构如何防止合作社与社员同谋导致的监督风险和成本的考虑，也是以后需要完善的地方。

第 2 章
农民合作社增信机制阐释

信用是契约的基础，信用程度决定了契约关系成立的可能性。农民合作社为社员增信是一个较为宽泛的概念，主要是指农民合作社利用自身各种信息和资源，在农民与金融机构的借贷交易活动中，以增加金融机构对借贷社员的融资信任水平为目的而采取的各种手段和途径。既有文献中探讨农民合作社为社员担保以助其获得贷款的研究就是增信的一种表现，但农民合作社为社员融资增信并不仅限于担保形式，农民合作社在社员与金融机构的交易活动中充当信息传递中介、实施有效监督等行为，实质上都是对社员的增信，即增加了金融机构对社员融资信任度。

农民合作社为什么能够为社员的正规融资增信？或者说，农民合作社为社员融资增信的背后机制是什么？在农民合作社为社员增信的实践创新不断涌现，同时理论界视组织化缓解农民融资约束为可行选择下，对这一问题的探讨将变得十分有意义。厘清农民合作社为社员增信的机制能够帮助我们理解现实中创新的发生，为更加充分、有效发挥其增信作用奠定基础，为以农民合作社组织形式作为缓解农民融资约束途径的推广提供借鉴。

信息经济学派的研究者们认为发展中国家农民面临正规融资困境的真正原因并不是信贷配给，而是由信息不对称、交易结果不确定性、高交易成本等内生性的约束条件所造成。农民合作社既是与农民之间存在着产业上密切联系的经济组织，同时也是基于农村地区血缘、亲缘和地缘发展而成的本土化组织，与社员的信息较为对称。农民合作社作为第三方参与中介在社员正规融资交易活动中，可以起到传递社员信息的作用，降低金融机构贷前尽职调查与贷后监督的成本；在社员贷款的用途使用和履约上亦能够形成有效制约，大大降低金融机构对交易不确定的预期，因而能够缓解农民面临正规融资的约束。此外，社员的生产经营发展是合作社生产经营发展的基础（王静，2011），农民需求的满足是农民合作社获得广泛支持和持续发展的动力（孙亚范，2008），因而，农民合作社自身也具有较强烈参与农民正规融资交易活动的动机。

本章首先分析了在社员正规融资活动中，农民合作社作为第三方增信中介具有的优势条件。在此基础上，运用理论分析和模型推导的研究方法，深入探讨了农民合作社为社员增信背后的理论机制，主要分为在社员获得贷款前的信息传递，发挥显示社员还款能力的信号作用，以及在社员获得贷款后，利用组织内的声誉机制和关联交易惩罚形成对社员的履约激励。

2.1 合作社为社员增信的优势条件

对农民合作社增信优势的分析是建立与传统借贷两方信贷模式（即农民与金融机构）的比较基础上展开的。对于资金借贷的交易活动来说，由于债权人履约在前，先完成资金的转移，债务人履约在后，未来是否有意愿履约、是否有能力履约是不确定性的，则资金借贷交易的不确定性风险将主要由债权人承担。农民合作社在农民正规借贷中能够发挥增信作用，主要与我国农村地区特有的"圈层"社会特征有关。我国农民合作社的建立大多以自然居住地为活动半径，合作社与社员基本在同一圈层内。圈层内人群经过长期的经济活动博弈，彼此之间更加了解，信息更加对称，圈层内的人们更加注重声誉。同时，合作社还与社员存在着紧密相关的经济利益联系。信息、圈层的重复博弈、与社员的关联经济交易是农民合作社能够为社员增信的关键，也是农民合作社增信机制能够发挥作用的基础。

2.1.1 基于圈层的信息优势

信息获取是资金放贷者决策的基础。在信息不完全的现实交易中，不确定性具有经济成本，不确定性的减少就是收益的增加（Arrow，1963）。特别是对于资金借贷的交易活动来说，不确定性是资金借贷的交易活动的主要风险来源，并且这种不确定性的风险主要由债权人承担。为减少这种不确定性风险，债权人必定需要获取借贷者的相关信息，但信息是一种稀缺性的资源，收集、加工、理解、接受、使用信息都有成本，减少不确定性风险所花费在信息获取上的投入又增加了交易成本。因此，对于金融机构来说，是否给予农民贷款取决于能否达到交易的收益风险均衡点，而信息的获取与获取的成本同时影响着交易的收益和风险。

总体来说，我国农村社会的组织化程度落后于整个社会的发展进程，以差序格局表现为基础的"圈层"社会关系仍占据相当大的比重，农民绝大多数的经济生活活动都在同一圈层内进行。同一圈层内的人群经过长期的重复性博弈活动，形成了圈层内特有的人际间的情感性关系，彼此间较为了解，信息较为对称。但是，这种圈层与圈层之间的信息与交流是存在排斥的，即一个圈层内的信息和情感性关系难以被另一圈层所知、利用。也就是说，圈层内部的信息获取、获取的成本都比圈层外部更加具有优势。因此，在农民的正规融资活动中，来自农民圈层外部的金融机构难以获取借贷者的信息，或者需要花费较高的成本才能够获取。

农民合作社作为第三方参与中介，加入农民与金融机构的交易活动中来，能够改变这种信息及信息获取的高成本状况。这是由农民合作社同时是具有情感性关系和工具性关系的"圈层"组织所决定的。其中，情感性关系源于我国农村圈层社会文化的特征，工具性关系源自农业产业化发展下的新型经济关系特征。

实施农业现代化发展以来，我国农村各类新型经济组织的建立仍然很大程度上以"圈层"为基础。特别是我国大多数的农民合作社，农民之所以选择加入一家合作社而不加入另一家合作社，大多是由在同一村落或某一乡村社区的共同信仰与习惯下，经过大量重复性博弈活动下形成的特殊信任人际关系的自然选择。这使得农民合作社内部存在着一种以乡村社区为单位的"本土圈层"的情感关系，因而农民合作社内部的信息较为对称。

不仅如此，农民合作社与社员之间还存在一种以农业生产为基础、以经济利益联结为纽带的工具性关系。正是这种与社员在农业生产、产品销售、收益分配上保持的频繁联系，使得在同一农民合作社内部，社员的资金需求状况、生产投资规模、经营风险以及产出收益水平等经济信息都比传统"圈层"展现得更为清晰。正是这种信息上的获取使得合作社能够更加了解借款社员的还款能力，并能够及时监督观察借款社员按时足额归还的可能性。

因此，农民合作社能够以较低的成本甄别借款社员的还款意愿、还款能力以及实现有效地贷后监督。相较于金融机构来说，农民合作社更加具有信息及信息成本的优势。正是由于农民合作社具有信息上的优势，若通过它向正规金融机构提供社员融资相关信息，则能够在一定程度上降低金融机构所担心的因信息不对称问题而造成对社员逆向选择和道德风险的预期，从而起到增加社员信用水平的作用。

2.1.2　基于组织信誉的个人信用强化优势

信誉与信用的本质区别在于，信用是交易双方之间共有的信用，而信誉是属于交易一方个体所有的属性，其并不依赖于其他交易者而存在（吴汉洪、徐国兴，2004）。在正规融资活动中，农民普遍缺少与金融机构交易的信用记录，因而经常因自身信用水平不足而贷款"难"；同时也因缺少农民的信息记录，金融机构需要花费更多的成本用于贷前调查与贷后监督管理（Keeton，1979；Aghion & Bolton，1997；Conning & Udry，2007），由此形成收益与成本的难均衡而"难"贷款。

信誉是为了获得交易的长远利益而自觉遵守合约的承诺（张维迎，2002），信誉可以在某种程度上替代信用所发挥的作用。信誉在我国农村社会中占有极为重要的地位，在社会人际交往中扮演重要角色，对农村各个主体的生存和发展极为重要。特别是对于以往没有发生过交易活动的交易双方来说，良好的信誉能够使自身的经济行为在对方心中具有一定的可测性，减小交易对手对交易不确定性的预期。但是，农民信誉/信用的效用半径往往受制于同一圈层内部，难以被圈层外的金融机构所认可并运用。

农民合作社为社员增信，能够在一定程度上缓解农民缺少信用记录、信誉/信用不足的问题。农民合作社是市场经济活动的重要参与主体，其必须通过长期的交易活动累积信誉，只有良好的信誉才能够使得其在市场中生存、发展。并且农民合作社是被法律认可的企业法人组织，组织的运作发展都受到法律法规的制约，这也使得农民合作社在市场交易活动中也"不得不"讲信誉。因此，农民合作社组织的信誉更容易被金融机构所接受。

农民合作社是农民社员所在的圈层，社员在与农民合作社的重复经济交易活动中累积了信誉。这种信誉虽然不被金融机构所认可，但在农民合作社中却是被接受的。并且这种信誉是建立在农民合作社充分了解社员品行、经济状况等信息基础之上的。

因此，农民合作社为社员增信的行为是一种利用组织信誉强化个人信用的行为。并且，这种增信的行为在某种程度上相当于将组织的信誉与社员个人信誉进行了捆绑，而一旦社员违约，组织是承担着信誉损失的风险的。从另一角度来说，农民合作社增信实质上也是增加了金融机构对农民借贷风险识别和观测农民借贷行为的渠道。

2.1.3 基于社会资本的抵押担保替代优势

抵押担保品是一种揭示借款人还款能力信息的辅助手段。《巴塞尔新资本协议》视抵押、担保等为信用风险的缓释工具。Yuk - Shee Chan 和 George Kanatas（1985）认为当借贷双方之间信息不对称时，担保可以提高贷款者对其预期收益的评估能力，即借款者的担保品向贷款者传递了一个关于借款者信息的信号。阿克洛夫（Akerlof，1970）认为担保品传递的信息有效地消除了借贷双方的信息不对称，阿吉翁等（Aghion et al，1992）认为担保品的存在能够在一定程度上确保借款人的良好行为，贝斯特（Bester，1985）认为通过借款人是否提供担保抵押品就可以鉴别与其交易的信贷风险大小。在融资交易活动中，抵押担保机制的存在对交易的顺利达成发挥了积极的促进作用。对借款者而言，抵押担保品在其获得贷款前发挥增加信用水平的作用，在获得贷款后发挥激励其履约还款作用；对金融机构而言，抵押担保品在放贷前发挥降低对交易不确定性预期的作用，在放贷后发挥对违约行为造成的损失补偿作用（马九杰等，2011）。因此，从理论上来说，农民可以利用抵押担保物品来提高获得融资的可能性，但是现实中，农民也往往同时面临缺少符合金融机构要求的抵押担保品，因而难以以抵押担保的方式获得贷款。

为此，学者们对农民借贷可行的抵押担保替代机制展开了深入的研究。

布罗（Burro，1976）在对信贷融资担保模型分析中，提出的一个关键性假设为实施农民抵押担保替代提供了较好的参考。这一关键性假设是：担保价值与借款者所获得的贷款价值可能存在差异，但这种差异的前提是担保品的价值对贷款者而言要比借款者低。因此，在农民正规融资活动中，如果能够提供一种抵押担保替代品，其能够发挥增加借款人信用水平的作用；并且只要这一抵押担保替代品对借款农民的价值要远大于对金融机构的价值，那么这种抵押担保替代就可以成为巴罗模型中执行贷款合约的一个机制。亦即，如果借款者违约，抵押担保替代品的损失能够对借款者造成较大损失，从而对其归还贷款产生激励作用。

农民合作社的社会资本能够成为社员正规融资的抵押担保替代品。根据众多学者的研究（Putnam，1993；Coleman，1988，1990；Fukuyama，2000；Ostrom，1990），社会资本是有助于增强交易合作行为的某种信任机制、意识形式、非正式规范或相关性的社会结构形态。一些学者的研究已经表明社会资本对企业参与融资活动发挥重要影响。它是促进企业获得融资的重要手段（Woolcock，1998，2002），其能够降低企业融资的成本（Uzzi & Gillesple，1997，2002），发挥着抵押担保替代的作用（Bai et al，2006）。

农民合作社既是参与市场交易活动的企业法人主体，又是农民自发组建的合作性组织，其社会资本具有企业社会关系网络下社会资本与农村圈层社会关系网络下社会资本的双重特征。企业层面的社会资本能够帮助农民合作社获取稀缺性的社会资源（边燕杰，2000），农村圈层的社会资本能够产生特殊的信任关系，并形成对人行为的有效制约。

（1）农民合作社的社会资本有助于增加金融机构对社员的信任水平。农民合作社是企业法人，其社会资本是具有正式市场经济活动的社会资本，与政府部门和各类经济主体存在广泛的社会联系，如与政府部门的政治联系、与龙头企业的稳定合作关系等。当农民合作社为社员增信时，这些社会资本增加了金融机构对借款社员讲信誉、具有还款能力的信任度，在某种程度上发挥了抵押担保品的作用，从而促进了社员正规融资交易的成功。

（2）农民合作社的社会资本能够形成对借款社员的有效制约。农民合作社的社会资本也是扎根农村圈层的社会资本，其能够利用圈层社会对个人口碑、名声、社会评价、家族声誉等高度关注的特征，促使借款社员严格遵守信用，激励其履约还款，发挥了抵押担保机制的另一层面的作用。农民合作社与社员间的组织与成员关系，使得每一位借款成功的社员都有一枚"社会印章"，这枚"社会印章"使得"团体惩罚"（类似一种"连坐制"）更为可能（Weber, 1998）[1]，形成对农民合作社盲目增信的制约。同时，农民合作社与社员在经济上的利益联结关系，使得其能够对故意违约的社员进行有效的惩罚，形成对社员逆向选择和道德风险的制约。这种双向双重的制约机制保障了农民合作社社会资本作为农民融资抵押担保替代的可行性。

根据巴罗模型对融资担保品发挥作用的假设，农民合作社的社会资本可以成为农民正规融资交易中的抵押担保替代品，其能够发挥增加借款社员信用水平的作用，并且这一抵押担保替代对借款社员的价值要远大于正规金融机构的价值。因此，这种抵押担保替代符合巴罗模型中执行贷款合约的一个机制，即如果借款者违约，抵押担保替代品的损失能够对借款者归还贷款产生激励作用。

2.2　信息传递与信号显示

"信息不对称"概念是阿克洛夫（Akerlof, 1970）在撰写《"柠檬"市场：质量、不确定性与市场机制》一文中首次提出的，该文章围绕着信息不对称展开研究，其结论指出在交易活动中，交易双方的信息不对称可能导致市场失灵。随后，信息不对称被广泛用于经济各领域研究中。特别是在我国农村正规融资交易市场中，信息不对称导致逆向选择，从而使帕累托最优的交易不能实现，是导致市场失效的重要原因。具体来说，在正规融资交易市场中，农民缺少符合金融机构要求的证明自己还款意愿和能力的"标准"信息，并且我国农村圈层社会信息传递模式又造成对正规金融机构获取农民融资信息的阻隔，这种信息不对称使得农村金融机构难以分辨农民还款意愿的真实性、还款能力的可靠性。由于借贷的交易风险主要由债权人（金融机

---

[1] 转引自张维迎、柯荣住：《信任及其解释：来自中国的跨省调查分析》，载于《经济研究》2002年第10期。

构)来承担,加之农民无论在农产品市场和信贷市场都处于被选择的"弱势"现实,因而农村正规融资市场交易的帕累托最优难以实现,形成了外生性的信贷配给:要么一部分人无法获得正规借贷;要么所有人的信贷需求只能得到部分满足。

信息不对称的主要根源在于信息在交易双方无法有效传递和显示,因而信息不对称问题可通过设计一条有效的信息传递通道和合理的信号显示机制而得到解决。斯宾塞(Spence,1974)的信号传递理论以劳动力就业市场为研究背景,通过分析工人如何通过教育水平传递其工作能力的信号主要探讨了交易活动中的信息传递与信号显示过程,对信息不对称的解决做出较大贡献。在他的信号传递模型研究中,存在一个关键性的假设条件,即教育需要花费成本,高能力人的教育成本要低于低能力的人。在这一假设前提下,教育水平成为区分高能力和低能力人的信号,进而才能够成为工人传递与显示工作能力信号的主要原因。在斯宾塞的研究提示下,信号传递模型被广泛应用于各个经济领域之中,尤其是在借贷交易市场上的应用具有更加重要的意义。

从这一视角来看,既有对组织化(如供应链、产业链、物流链、龙头企业及农民合作社等产业经济组织)缓解农民融资困境的研究均可被视为通过第三方参与中介传递农民融资信号、以解决农民与金融机构间信息不对称的应用。对这一问题展开进一步的深入研究对缓解农民融资约束具有重要的意义,特别是作为农民参与最广泛的经济组织——农民合作社,其与农民之间"千丝万缕"的联系使得其与农民间的信息相对来说更加对称,是农民借贷信号传递的有效载体。因此,研究农民合作社在农民正规融资活动中的信息传递与信号显示机制十分必要。

2.2.1 社员信息传递与信号显示的理论分析

我国农民合作社大多基于地理半径而组建,参与者农民大多是同一自然村的村民,彼此之间互相了解;加之农民合作社是以经济关系为基础而组建的组织,社员的生产规模、经济水平信息也为合作社所掌握。面对农民合作社,社员具有丰富的信息来显示自己的质量,如合作的诚信度、经济交易的履约记录、生产的规模、生产技术水平的高低、产品市场的收益、当地圈层社会的"口碑"、在合作社的经济地位等。这些信息包括了社员的财务信息、商务信息、信用与信誉信息。

但是在正规借贷交易活动中，社员的上述信息是难以被正规金融机构观察、了解、认可，或能够观察、了解、认可却难以在标准信贷合约中加以提取和利用的。最为关键的是，这些信息缺少了正规金融机构认可的标准化显示方式，根据斯宾塞的信号传递理论，这些非标准化的信息无法被用来区别高信用和低信用的借款者，农民的融资信息无法向正规金融机构传递。换言之，正规金融机构不能有效识别此类信息。

以农民合作社被金融机构认可为前提，在社员与金融机构的交易活动中，农民合作社以为社员增信的方式将上述社员不能为金融机构识别的信息，转化为其认可（即可识别）的信号，实现了社员借贷信号传递与显示。因此，农民合作社为社员增信的机制之一是成为社员信息传递与信号显示中介，具体可通过社员融资信号显示流程图（见图2-1）来分析。

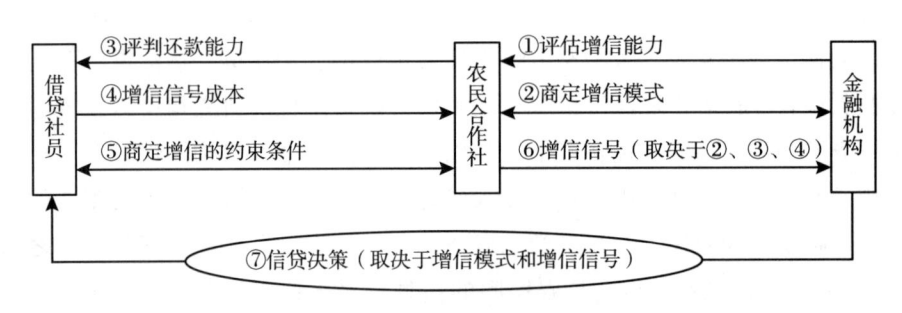

图2-1 社员融资信号显示流程

（1）农民合作社获得金融机构认可是其为社员增信的前提。为此，金融机构首先根据农民合作社的发展状况对其增信的能力进行评估（第5章探讨），以此为基础，农民合作社与金融机构商定为社员增信的具体模式（第3章探讨）。

（2）农民合作社对社员还款能力的识别是其为社员增信的关键。通过对借贷社员生活信息和经济信息的了解，农民合作社能够对其还款能力形成较为客观的评判。

（3）农民合作社对社员的增信实际上是为社员提供了服务，合作社并为此要承担一定的风险，因此，接受服务的社员要支付相应的"对价"。这个"对价"并非以货币表示，而是农民合作社利用与社员间的经济交易活动，能够在某种程度上影响社员经济利益的获取水平，或者对社员预期收入（现金流）有一定的掌控。从信号传递理论来看，这是借贷社员为获得合作社增信而支付的信号成本[①]。从实践运作中来看，若以社员履约为前提，这一信号成本是沉没成本，是隐性成本。只有借贷社员违约，这一成本才得以显现，并且对社员经济利益的掌控在一定程度上既能够对农民合作社损失形成弥补，也能够对社员违约行为进行惩罚。显然，为获得合作社同样的增信，还款能力越强的社员支付的"对价"越小，即被合作社经济掌控的经济利益越小，也即其支付的信号成本越低；而还款能力越弱的社员则相反。

（4）以上述第（2）项、第（3）项为基础，农民合作社与社员间商讨增信的约束条件。即为防止社员违约行为对合作社造成经济和声誉损失而制定的惩罚约束条款。

（5）农民合作社向金融机构发出增信信号。增信的水平由合作社对社员还款能力的评估、对其经济利益的掌控程度、商定的增信约束条件所决定。

（6）根据农民合作社发出的增信信号，金融机构做出借贷决策。

2.2.2 增信信号显示的理论模型

1. 无合作社增信信号下的融资

融资的直接博弈者只包括两方：社员与金融机构。假设社员投资项目需要资金支持，只通过向金融机构申请贷款来满足自身资金需求。社员的能力分为两种：$\theta = L$（低能力）和 $\theta = H$（高能力）。其中，$\theta = H$ 的概率为 $q \in (0, 1)$，则 $\theta = L$ 的概率为 $1 - q$。当社员利用获得的金融机构贷款时，产生的项目收益为 R_θ，且 $R'_\theta > 0$，$R''_\theta < 0$。假设能力高社员的边际产出收益大于能力

[①] 各农民合作社从事行业不同，与社员的利益联结不同，信号成本不同，如社员进入产品市场的资格、在途农产品、生产资料、销售产品的现金流、拥有的合作社股份、享有的收益权力、在担保基金中的股份等都可视为一种社员的信号成本。

低的社员，即 $R'_H > R'_L$。金融机构贷款的利率为 r，额度为 Q，则社员的净收益 $\pi = R_\theta - (1+r)Q$，其借贷投资收益最大化条件为 $\pi = R_\theta - (1+r)Q = 0$。对借贷投资收益最大化条件求 Q 的导数，可得社员的最优借贷规模为：$R'_\theta(Q^*) = 1 + r$。

（1）在信息完全对称下，假设社员与金融机构的借贷博弈期数为无限次，则当社员违约时，其违约的成本 W_θ 可视为每一期借贷投资收益的贴现值，即 $W_\theta = \dfrac{[R_\theta - (1+r)Q]}{(1-\lambda)}$，其中，$\lambda$ 是贴现因子，且假设每一期的贴现因子均相同。若要社员能够按时履约，则必须使其违约的成本大于贷款的本息和，否则社员将会选择违约。

即 $W_\theta = \dfrac{[R_\theta - (1+r)Q]}{(1-\lambda)} \geq (1+r)Q$，可得 $R_\theta \geq (1+r)(2-\lambda)Q$

由 $R_H \geq (1+r)(2-\lambda)Q_H$，$R_L \geq (1+r)(2-\lambda)Q_L$，可分别求得高能力社员和低能力社员的最优贷款规模为 Q_H 和 Q_L。

（2）在信息不对称下，金融机构无法辨清社员的还款能力，只能根据社员类型的分布概率来决定社员的贷款规模。则社员的违约成本表示为违约成本的期望值，

即 $E(W) = qW_H + (1-q)W_L \geq (1+r)Q$。化简可得 $qR_H + (1+r)R_L \geq (1+r)(2-\lambda)Q$，

即 $R_m = qR_H + (1+r)R_L \geq (1+r)(2-\lambda)Q_M$。

由于 $R'_H > R'_L$，可得 $R'_H > R'_M > R'_L$，进而可得，在信息不对称下，社员的最优贷款规模为 Q_M。

（3）无合作社信号传递下的混合均衡。

在金融机构与社员两方信贷模式的博弈过程中，产生的混合均衡是这样一种状态：高能力社员与低能力社员选择的信号反映的信用最优水平是相同的，金融机构无法通过这一相同的信用信号对借贷社员进行区分，因而只能够根据平均规模放贷。这一平均的贷款规模 Q_M 就是混合均衡的结果。

由于 $R_M \geq (1+r)(2-\lambda)Q_M$，$R_L^* \geq (1+r)Q_L^*$，则在信息不对称下（见图2-2），高能力社员的信贷缺口由（$Q_H^* - Q_H$）增加至（$Q_H^* - Q_M$），而低能力社员的信贷缺口由（$Q_L^* - Q_L$）减少至（$Q_M - Q_L$）。因此，在缺少信号传递

下，金融机构无法分辨社员能力高低，高能力社员和低能力社员都能够获得融资，低能力社员的获益较大，容易发生逆向选择，增加了金融机构的放贷风险。

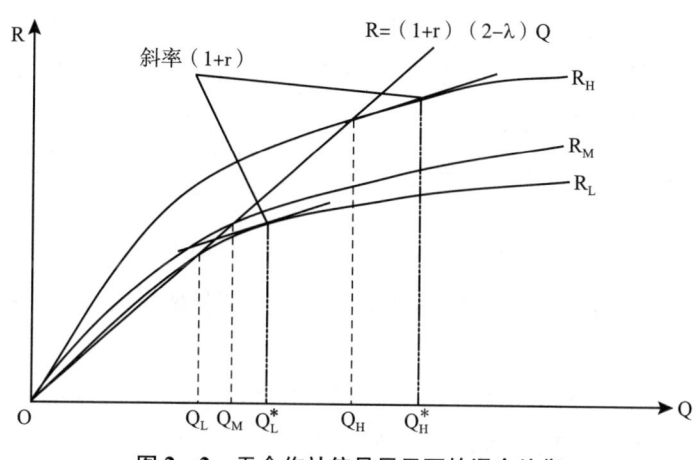

图 2-2 无合作社信号显示下的混合均衡

2. 农民合作社增信下的分离均衡

假设社员所在农民合作社与金融机构达成合作关系，即合作社可为其社员进行增信，金融机构根据合作社的增信信号做出贷款决策。金融机构无法观测到社员的类型，只能依据合作社的增信信号进行甄别，给出其还款能力 S_θ，并根据 S_θ 判断 $\theta = H$ 的概率，使用贝叶斯法则从先验概率 q 得到后验概率 $\bar{q} = \bar{q}(\theta | S_\theta)$，以此决定社员还款能力的高低。$S_\theta$ 越大，表明该社员的还款能力越强。合作社为高能力社员向金融机构发出增信信号 S_H，此时社员可获得 Q_H 贷款。合作社为低能力社员向金融机构发出增信信号 S_L，此时社员可获得 Q_L 贷款，$Q_L < Q_H$。由于合作社与社员之间、金融机构与合作社之间信息均较为对称，金融机构根据信号做出错误决策的可能性较小。

社员为获得合作社增信，需支付一定的信号成本。假设社员支付的信号成本为 $C_\theta(S)$，则 $C'_\theta(S) > 0$，表明高能力社员的信号成本小于低能力社员的信号成本。因此，低能力社员要想获得合作社的增信信号 S_H，则必须付出更高的成本。

因此，农民合作社增信下的信号成本即可视为求解精炼贝叶斯分离均衡解。在分离均衡状态下，高能力社员和低能力社员将选择不同的信号成本，使得金融机构能够通过这一信号显示准确发现借贷社员的类型。假设高能力社员选择 S_H，而低能力社员为获得融资也选择 S_H，则此时低能力社员的总收益为 $R_L - (1+r)Q_L - C_L(S_H)$。按照分离均衡的定义，分离均衡的存在有两个必要条件，即低能力社员不会选择高能力社员的信号成本，而高能力社员也不会选择低能力社员的信号成本。

因此，低能力社员为获得融资所付出的信号成本必须大于其通过融资获得的收益，即

$$R_L - (1+r)Q_L - C_L(S_H) < 0 \qquad 公式（2-1）$$

而高能力社员通过融资获得的收益大于为获得融资所付出的信号成本，即

$$R_H - (1+r)Q_H - C_H(S_H) > 0 \qquad 公式（2-2）$$

若存在分离均衡，由公式（2-1）和公式（2-2）可求出一个区间 $[S_1, S_2]$，使得金融机构对社员有如下判定：所有 $S_H \in [S_1, S_2]$ 为高信用社员，所有 $S_L < S_1$ 的社员均为低信用社员。

于是，对应的有：对于 $S_H \in [S_1, S_2]$ 的社员可获得贷款 Q_H，而所有 $S_L < S_1$ 的社员可获得贷款 Q_L。存在该区间的关键是斯宾塞——莫里斯条件成立：$\dfrac{\partial C_L(S)}{\partial S} > \dfrac{\partial C_H(S)}{\partial S}$。

这一条件说明，合作社增信对不同类型的社员，社员的信号成本是不同的，低能力社员的信号成本代价要大于高能力社员的信号成本，这是分离均衡的充分条件。由于在合作社内部，合作社与社员的信息较为对称，因而这一条件是容易满足的。

分离均衡下的合作社增信信号成本要么是 S_1，要么是 $S_H \in [S_1, S_2]$。这是因为，合作社增信只是起到一种信号作用，因此，$S_H \in [S_1, S_2]$ 已经是金融机构认为社员是高能力的，高能力社员不会再增加成本来提升合作社增信水平。同样，由于任何大于 S_1 而小于 S_H 的增信水平并不能使金融机构认为社员是高能力的，因此社员不会选择支付这样的信号成本。因此，高能力社员和低能力社员都只会在 S_1 和 $[S_1, S_2]$ 中进行选择。

根据以上分析，高能力社员选择任意的 $S_H \in [S_1, S_2]$ 的增信水平的决

策要由于选择 S_1 的增信水平，对低能力社员来说，则相反，由此形成合作社增信的分离均衡。

3. 模型结论

通过上述分析，可以得出如下几点结论。

（1）农民合作社增信是缓解社员与金融机构间信息不对称的有效方式。通过无合作社增信信号与有合作社增信信号下社员的融资模型结果对比，可以发现有合作社增信信号下，社员融资的状况实现了分离均衡，即不同还款能力的社员获得相应的融资规模。农民合作社通过发出不同增信水平的信号，减轻了金融机构与社员间的信息不对称状况，使得金融机构能够辨别社员的还款能力而给予其合适的融资规模，避免了金融机构由于信息不对称而不得不实施的信贷配给状况出现，从而缓解社员的正规融资困境。

（2）社员的信号成本是农民合作社增信信号显示的关键。社员的信号成本来自于合作社与社员的经济交易关系，具体表现为农民合作社在某种程度上影响社员经济利益的获取水平，或者是其所能够掌控的社员经济利益，如社员的在存农产品、销售产品的现金流、在担保基金中的股份等。合作社对社员经济状况掌控的越深，即合作社与社员的合作越紧密，农民合作社的增信信号越准确，即越能真实再现社员的还款能力水平。

总而言之，农民合作社运用与社员的经济交易关系以及生活联系，拥有着获取社员信息的优势，通过与社员的不同合作水平，对社员经济利益产生不同的影响水平，掌控不同程度的社员经济利益，并据此发出为不同社员的增信信号，供金融机构对社员还款能力进行辨别，减轻了金融机构与社员间的信息不对称，促进了社员正规融资的获得。

2.3 履约激励

对社员还款的监督与履约激励是农民合作社为社员增信的另一重要体现。从金融机构对合作社增信的预期来看，由于在社员获得贷款前，社员的借贷信号通过合作社增信信号发出，这在某种程度上形成了一种社员信用与合作社信用的捆绑，农民合作社因此而具有积极的监督社员还款和促进社员履约激励的动机。从农民合作社为社员增信，促使社员获得贷款的结果看，当社员获得贷款以后，农民合作社利用与社员的经济联系和生活联系，能够更为有效地观察到其贷款资金的使用，监督其还款，并能利用声誉机制和关联交易对社员违约行为进行可置信的惩罚，从而促进社员的自履约。本部分着重从声誉机制和关联交易视角探讨对社员履约的激励。

2.3.1 履约激励的理论分析：声誉机制和关联交易

声誉理论认为声誉来源于经济交易活动参与者的"认知"，这种认知在重复交易中不断更新、并传送参与者的信息。声誉增加了交易参与人履约承诺的力度，降低参与人对不确定性的预期，因而能够在一定程度上降低交易的成本，其实质上为注重长期利益的交易参与人提供了隐性的激励和约束，是保证交易契约诚实执行的重要机制。克雷普斯（Kreps et al, 1982）通过构建声誉模型深入探讨了声誉机制的作用机理，得出如下结论：在完全信息条件下的有限次重复博弈不可能导致参与人的合作行为；但在不完全信息下，只要博弈重复的次数足够多，合作行为也会在有限次博弈中会出现。

1. 声誉机制的限制条件制约了其在两方信贷模式中发挥作用

根据声誉理论的既有研究成果，声誉机制发挥作用具有一定的限制条件：一是声誉是建立在已经发生的交易活动中；二是声誉机制的作用受限于一定的信用半径。这些限制条件对声誉机制在农民与金融机构的两方借贷模式中难以发挥应有作用。

在农民与金融机构的两方信贷模式中，金融机构正是由于与农民的信息不对称而预期到与之交易的不确定性较大，而缺少与农民借贷交易的积极性，使得农民难以获得与金融机构交易的机会。因此，农民获得贷款困难，首先难就难在农民无法通过与金融机构建立交易关系来建立声誉，进而造成的信用不足结果又对获得贷款形成制约，如此循环。

声誉机制的作用半径也限制了其在圈层内农民与圈层外金融机构之间发挥应有的作用。一般来说，我国农村圈层社会具有这样的行为准则：若圈层内部农民个体之间发生内部纠纷,其他农民倾向于采取不干预行为;对损害圈层团体利益的行为,农民倾向于采取一致的非正式执行行动;而若农民与外部人发生冲突,则圈层内部倾向于一致抵御外部力量。这种日积月累、潜移默化的非正规行为准则使得农民与金融机构发生违约纠纷时,农民圈层内部倾向于一致抵御外部力量(金融机构),因而,作为农民社会圈层外部的金融机构,既难以通过圈层内的社会影响实现对农民履约的声誉激励,同时也无法在圈层内执行违约的惩罚。因此,农民对金融机构的违约行为,其实质的声誉损失边际成本、机会成本都较低,声誉机制的激励约束难以发挥作用。

2. 农民合作社增信能够解除声誉机制的限制条件

众多的研究学者和实践家提出可以通过加入各类农民经济组织的参与,尝试将传统圈层社会的声誉机制"嫁接"至正规借贷交易中,即通过金融机构与农民经济组织的金融联结,实现声誉的激励相容。金融联结中的农民经济组织能够充分利用农村圈层社会已有的信息和执行机制,降低正规借贷交易的成本,并能够对道德风险的发生形成制约,从而提高贷款的偿还率。声誉的外部性特征,及通过农民组织参与对声誉机制作用半径的转化,是声誉机制能够嫁接的基础。

通过对声誉理论深入研究,学者们指出声誉并非一定必须通过正在进行的博弈活动而建立,声誉可通过间接的方式建立,如在甲参与者对乙参与者声誉的"认知"可通过乙与第三方丙的相互作用来推断其行为模式和偏好特征。声誉的信息具有正的外部性,能够使很多相关者同时受益(Casson,1991),是一种处理道德风险和动机问题的解决方法(Stiglitz,1981)。声誉的这种外部性特征为社员通过农民合作社、向金融机构树立自己的声誉提供了基础。

对于农民合作社来说,为社员融资的增信,相当于将原有农民与正规金融机构间圈层外部的博弈转化为合作社与社员间圈层内部的博弈,有利于声誉机制作用的发挥。

根据声誉模型的结论,若一个借贷社员选择不按时履约或违约,则就暴露了自己是低信用型的,并且由于自己的机会主义行为影响了合作社的增信能力，进而造成其他社员难以获贷，该借贷社员将得到惩罚，即合作社再也不会为其增信，同时受到其余社员的排挤，从而失去了声誉和再次获贷的可能。在长期的重复博弈中，借贷社员具有维持"好"声誉的动机，且"好"声誉给其带来的效用越大，声誉的激励越强。

3. 声誉机制的"溢出效应"放大了对社员履约的激励

农民合作社增信对社员的激励不仅仅限于融资借贷交易活动。新制度经济学认为声誉是在社会网络中建立形成起来（Berger，1988）的反映行为人历史记录与特征的信息集，声誉的信息具有公共产品的特征（Casson，1991）。声誉的这一形成背景使得其具有"溢出效应"（Cole & Kelmr，1996），能够对交易参与者个体参与的其他活动均产生影响，从而放大了对未履约方的影响。

尤其是在我国农村地区，农民的声誉是在长期活动博弈中反映的关于其生活习性、品德的直接表现，所有农民之间进行的口头信息交流都进一步放大了声誉的溢出效应。若农民借款违约，农民合作社能够利用声誉的"溢出效应"对其生活和经济活动的其他方面造成负面影响，而这种负面影响也必将"溢出"，影响着其他成员在与违约社员合作前所做出的决策，进而影响违约社员利益的获取。农民合作社能够利用声誉的溢出效应对借款社员形成一种动态的、隐性的激励。

4. 关联交易惩罚是加大社员自履约的重要途径

农民合作社与社员间的经济交易可成为社员正规信贷交易的关联交易，进一步加大了对社员贷款履约的激励。具体来说，农民合作社与社员之间还存在着长期合作的经济交易活动，在农民合作社为社员融资增信时，这些经济交易活动成为了与融资交易"捆绑"的关联交易。Aders（1995）、Jian（1999）对这种关联交易进行了研究指出，在农村地区通过将信贷市场与其他市场联结起来是缓解农户信贷约束的重要途径。Bell（1988）则具体指出了这种关联交易的操作，即通过将金融市场与农业市场分开的交易条款和条件联结起来，形成一揽子交易的合同（即互联合同）。关联交易以"合约治理合约"（罗必良，2012）的方式，使得一个市场上的道德风险问题能够被另一个市场上的交易机会或惩罚所克服（Braverman & Stiglitz，1982）。农民合作社利用这种存在融资市场以外的关联交易关系对违约社员进行惩罚，从而增加了社员农户违约的成本，加强了对农户履约的激励。

因此，在声誉机制和关联交易的作用下，违约社员将会面临两方面的惩罚：一是声誉的社会性惩罚，即若因违约社员的行为使得农民合作社增信能力受到不良影响，进而影响其他有融资需求的社员获贷，则声誉机制启动，违约社员的声誉受损，受到群体舆论指责和其他社员的排挤，形成一种社会性惩罚；二是关联交易的经济惩罚，即农民合作社也通过与社员的经济交易活动形成与还款履约的关联结交易对其进行经济制裁，从而使得违约社员遭受经济方面的损失，大大增加了违约社员的机会成本。这种双重的惩罚对借贷社员来说是一种可置信的威胁，因而能够较为有效地形成其履约的激励。

2.3.2 履约激励的理论模型：基于重复博弈

1. 模型分析的基础与假设条件

假设社员 m 以自身贷款条件无法获得贷款，通过事先商定的增信条件[①]，其所属农民合作社 A 为其增信的方式获得贷款。社员 m 获得贷款，合作社 A 对社员贷后行为进行监督，若社员 m 违约，则合作社组织 A 的增信能力将受到损失。这就使得社员 m 与农民合作社 A 形成了某种程度的信用捆绑。增信的过程使得原来社员 m 与金融机构的借贷博弈转变为农民合作社 A 分别与金融机构和社员 m 的博弈。鉴于本研究的主要内容，此处着重分析农民合作社 A 与社员 m 的博弈。

农民合作社 A 与社员 m 为博弈的参与方，显然，农民合作社 A 是合作型的参与方，即合作社以为社员增信以提高其获贷率为目标，不会利用机会主义侵害贷款社员 m 的利益，且对贷款社员 m 来说，这是属于公共信息。

但社员 m 有两种类型，用 θ 表示：一类是合作型（$\theta = 0$），即社员 m 按

---

① 增信条件主要包括贷款合同和合作社约束制度的安排，不同的合作社、不同增信模式，合作社设计的增信条件不同，但其主旨在于运用制度条件设计使得社员的违约行为被尽可能控制。如孟加拉国格莱珉银行的小组贷款模式采取每周分期付款的制度设计，以便能够让监督者最快地发现违约行为；同时其还规定从第一周后开始偿还，偿还数额是每周偿还额的2%，有效地控制住违约的程度。

时还款，不违约；一类是非合作型（$\theta=1$），即社员 m 违约，不按时还款。社员 m 属于何种类型只有他自己知道，对合作社而言，此为私人信息，但合作社可通过观察合作互动行为来推断社员 m 的类型，并修正对社员 m 的判断。若社员 m 违约，可看作是对合作社利益的侵占，从而导致合作社增信水平下降，则合作社不再为社员增信，博弈结束。否则，合作社继续为社员增信。因此，社员是否履约为一个单边非完全信息结构。

如果社员 m 违约，则使得合作社 A 产生增信水平的损失。假设金融机构给予农民合作社 A 的总增信水平为 L，且 L 大小是与社员违约行为负相关的。即合作社增信水平 L 随社员违约行为发生而降低，金融机构设定一违约临界点，在临界点上合作社面临的增信水平急剧下降至丧失增信能力。

如果社员 m 的机会主义行为导致合作社 A 的利益受损，令 V 表示社员 m 对合作社造成的违约损失率（$0 \leq V \leq 1$），可以理解社员 m 对合作社 A 的无效率行为[①]。假设合作社增信水平降低带来的效用损失是违约损失率 V 的单调增函数，且边际效用损失也为单调函数。那么，可以设定合作社 A 的效用损失为 cV^2，c 为违约损失换算成效用损失的转换率，为了便于分析，此处假设 c=0.5。另外，用 $0.5\beta V^2$ 表示合作社将效用损失转移至社员 m 上的水平，β 表示合作社 A 把因社员违约造成自身效用的损失转移给违约社员 m 的能力，在现实中体现为合作社对社员经济利益的掌控程度，如社员的在途产品、产成品、销售现金流、物流等。合作社对社员经济利益掌控程度越深，合作社效用损失越小。即 β 越大，社员的效用损失越大。

但是如果合作社 A 能够预期到自己利益受损，他将采取事先商定增信条件中的保护措施，以保护自己的利益不受损失。如果 V^e 是合作社 A 对社员 m 的预期违约损失率（$0 \leq V^e \leq 1$），则合作社一定想办法保护自己的利益 V^e[②]，则社员 m 仅获得效用为 $V - V^e$。

则社员 m 的单阶段效用函数将由两部分组成，一部分 $V - V^e$ 是社员 m 采取违约行为前能够预期到的效用收益。另一部分 $0.5\beta V^2$ 表示合作社因社员违约造成效用损失而对社员采取的惩罚，此为社员 m 无法完全预料清楚的效

[①] 无效率的行为因贷款合约设计还款方式的不同而不同，如未按约定时间还款、拖欠利息、未偿还完全部贷款等。

[②] 这里主要指增信约束条件中对合作社的保护措施。

用损失，可表示为

$$U = -0.5\beta V^2 + \theta(V - V^e) \qquad 公式（2-3）$$

2. 单阶段博弈

公式（2-3）表明，对于合作型社员（$\theta=0$），只有 $V=0$ 时，才能使其效用最大化。即不违约行为对合作型社员 m 来说是最优选择。

现在考虑非合作型社员（$\theta=1$），即社员违约的情况。

由于 $0 \leqslant V \leqslant 1$，则只要 V^e 充分小，即农民合作社 A 对社员 m 的预期违约损失率越小，表明社员 m 声誉越好，就能保证 $U \geqslant 0$ 成立。此时，非合作型社员 m 的单阶段博弈[即公式（2-3）]的一阶最优条件为 $\frac{\partial U}{\partial V} = 1 - \beta V = 0$，即，非合作型社员的最优选择为

$$V^* = \frac{1}{\beta} \qquad 公式（2-4）$$

公式（2-4）表明，非合作型社员从自身利益最优选择出发，其最优选择给合作社 A 造成的违约损失率的大小与合作社对社员经济利益掌控程度成反比。此时，$V^* = V^e = \frac{1}{\beta}$，即预期违约损失率与实际违约损失率相等。

因此，在一次性博弈中，若不存在任何制约条件（$\beta=0$），则非合作型社员是完全没有必要履约的。若 $\beta \neq 0$，合作社对社员经济利益掌控程度越深（即 β 越大），因社员违约对合作社造成的损失越小。但只要合作社对社员经济利益不能完全掌控，在一次性博弈中就无法使得社员完全不违约的。

3. T 阶段重复有限次动态博弈

假设农民合作社 A 对 $\theta=0$ 类型社员 m 的先验概率为 p_0，则对 $\theta=1$ 类型社员 m 的先验概率为 $1-p_0$。假定重复博弈期限为 T 期，在第 T 期，社员 m 选择合作型策略的概率为 Y_T，而合作社 A 认为社员 m 选择合作型策略的概率为 X_T。显然，在博弈均衡状态下，$Y_T = X_T$。

若社员 m 选择本期合作，则合作社 A 认为社员 m 在下一期时是合作型的概率增加；反之，则合作社认为社员 m 在下一期时是合作型的概率为 0。换言之，根据贝叶斯法则，若在 T 期，合作社没有观测到社员 m 的违约不合作

行为,则在第(T+1)期,合作社认为社员 m 是合作型的后验概率为 p_{T+1},其大于或等于在 T 期时社员 m 为合作型的概率 p_T。

以上的假设表明,如果社员 m 在某一期违约,则其将永远失去合作社为其增信的机会。因此,对于有融资需求而依靠自身又无法获得贷款的社员来说,不到最后一期博弈,该社员是不会选择违约的。我们着重探讨非合作型社员的行为选择。

(1) 最后一期(第 T 期)非合作型社员 m 的选择。

根据假定,第 T 期是博弈的最后一期,社员 m 认为他没有必要再维护自己是合作型的声誉了,即 $\theta=1$,则此时其最优选择是 $V_T=1$。根据上述对先验概率的假设,合作社对社员 m 的预期违约损失率为 $1-p_T$。社员 m 的效用水平为:

根据假定,第 T 期是博弈的最后一期,社员 m 认为他没有必要再维护自己是合作型的声誉了,即 $\theta=1$,则此时其最优选择是 $V_T=1$。根据上述对先验概率的假设,合作社对社员 m 的预期违约损失率为 $1-p_T$。社员 m 的效用水平为

$$U_T = -0.5\beta V^2 + \theta(V_T - V_T^e) = p_T - 0.5\beta \qquad 公式(2-5)$$

因此,在最后一期(第 T 期)合作时,社员 m 从理论上可以不顾以往的"合作型"声誉而违约,但若合作社对社员经济利益掌控程度非常深时,理性的社员 m 不会耗尽自己的声誉而违约,因此,不会出现合作终止时,社员 m 不顾一切违约的现象。

(2) 第 T-1 期非合作型社员 m 的选择。

现在分析在第(T-1)期时,社员 m 的行为选择。

根据前文的假设,只要不是最后一期,则非合作型社员在 T-1 期之前都选择合作。合作社认为非合作类型社员 m 增信而预期的增信水平损失比例为

$$V_{T-1}^e = V_{T-1}^* \times (1-p_{T-1})(1-X_{T-1}) = 1 \times (1-p_{T-1})(1-X_{T-1})$$

$$公式(2-6)$$

其中,$V_{T-1}^* = 1$ 为第 T-1 期合作社 A 因社员 m 违约的最大损失比例,$1-p_{T-1}$ 为社员 m 在 T-1 期为非合作型的概率,$1-X_{T-1}$ 为合作社认为非合作型社员 m 违约的概率。

此处只考虑纯战略(即 $Z_T=0,1$)的情况。

为了便于分析，假定 λ 为贴现因子，用于表示社员 m 本期与下一期效用之间的贴现关系，可理解为声誉的激励作用。λ 越大，表明声誉的激励作用越大。

第一种情况。若非合作型社员 m 在第（T-1）期选择不合作（违约），即 $Y_T=0$，$V_{T-1}^*=1$，则，由于 $p_T=0$，由于 $V_T^e=1-p_T$，$V_T=1$，所以 $V_T^e=V_T=1$，则非合作型社员 m 的总效用为

$$U_{T-1}(\theta=1)+\lambda U_T(\theta=1)=-0.5\beta(1+\lambda)-V_{T-1}^e+1$$

公式（2-7）

第二种情况。若非合作型社员 m 在第（T-1）期选择合作（不违约），即 $Y_T=1$，且 $V_{T-1}=0$，则非合作型社员 m 的总效用为

$$U_{T-1}(\theta=1,V_{T-1}=0)+\lambda U_T(\theta=1,V_T=0)=-V_{T-1}^e+\lambda(p_T-0.5\beta)$$

公式（2-8）

若要非合作型社员 m 一直保持合作（不违约），则必须公式（2-8）公式 > 公式（2-7），只有如此，对社员 m 来说，合作（不违约）的策略选择才优于不合作（违约）。可得

$$p_T \geq p_\lambda = \frac{(1-0.5\beta)}{\lambda}$$

公式（2-9）

考虑在均衡状态下，合作的预期 X_T 等于社员 m 的选择 Y_T，即 $X_T=Y_T=1$，则 p_λ 是社员 m 违约与不违约的声誉临界条件，若 p_λ 值越小，表示 p_T-p_λ 的值越大，合作社与社员 m 的增信合作越稳定。

现在观察临界值 $p_\lambda=\frac{(1-0.5\beta)}{\lambda}$，$p_\lambda$ 值与 β、λ 均成反比，根据前文的分析假设，β 表示合作社 A 把因社员违约造成自身效用的损失转移给违约社员 m 的能力，在现实中体现为合作社对社员经济利益的掌控程度；λ 为贴现因子，用于表示社员 m 本期与下一期效用之间的贴现关系，可理解为声誉的激励作用。

因此，声誉对社员越重要、合作社与社员的利益联结越紧密，表明未来的效用对社员越重要、合作社对社员经济利益掌控程度越深，p_λ 值越小，合作社增信对社员的履约激励越有效。

4. 模型结论

通过上述的社员履约激励的模型分析，可以得出如下几点结论。

（1）声誉机制与关联交易对社员自履约发挥促进作用。通过有限次的重复动态博弈，声誉机制与关联交易能够对社员的贷后行为形成制约作用。

（2）农民合作社利益联结是声誉机制与关联交易发挥作用的重要基础。紧密的利益联结一方面使得声誉的激励作用放大，未来的效用对社员更加重要；另一方面能够对社员的经济利益掌控更深，对社员违约惩罚的威胁更加具有置信性、执行更加具有可执行性。

通过本章对农民合作社增信机制的分析，得出以下三点结论：

（1）农民合作社增信以其具有的圈层信息优势、组织信誉强化个人信用优势、基于社会资本的抵押担保替代优势为基础。圈层信息优势使得农民合作社对社员融资的相关信息掌握更加充分，减轻了金融机构与社员之间的信息不对称；组织信誉强化个人信用优势使社员个人信用不足以组织信誉强化的方式替代，更加容易获得金融机构信任；基于社会资本的抵押担保替代优势使得农民合作社能够形成有效激励与制约，降低了金融机构对交易不确定性的预期。

（2）农民合作社增信能够发挥传递社员融资信息、发送社员融资信号的作用。农民合作社利用与社员间的经济联系和社会联系，能够有效评估社员的还款能力；以对社员经济利益获取的影响程度或是掌控社员经济利益的程度作为社员获得增信支付的"隐性"信号成本，实现对不同还款能力社员的信号分离；将反映社员还款能力的软信息转化为不同的增信水平，成为金融机构能够接受、认可、识别的信息。

（3）农民合作社增信能够发挥促进社员自履约的作用。在与社员长期的重复经济活动博弈中，农民合作社能够利用声誉机制能够对违约社员形成社会影响性的惩罚；将与社员的经济交易设置为关联交易，能够对违约社员形成经济利益性的惩罚，从而形成对社员自履约的激励和约束。此外，紧密的利益联结使得社员更加看重声誉的评价；紧密的利益联结也使得农民合作社对社员经济利益掌控更深，社员更加重视与合作社的经济交易。所以利益联结影响着惩罚威胁的可置信性及力度，进而影响着对社员自履约的激励程度。

| 第 3 章 |
农民合作社增信运作模式的观察

孔祥智（2007）指出，农民合作社是农业生产组织化发展的重要产物，其出现为农业领域资金、技术、管理等现代要素的引进开辟了一条全新的途径。农民合作社为社员的增信正是这样一条将资金引入农业领域的途径。农民合作社利用信息获取的优势，将社员的融资信息传递给金融机构；利用组织的声誉实现社员借贷信号的转化与显示；同时，合作社作为社员生活圈层与经济圈层双重合的特征有利于声誉机制的作用发挥，加深关联交易惩罚威胁的可置信性，对借贷社员的履约形成有效激励，从而提高了社员正规融资的获得性。

我国农村地区间经济发展水平和产业结构差异较大，各地农民合作社发展的状况也不同，那么实践中，农民合作社为社员的增信是如何运作的？或者说，运作的模式有哪些？对这一问题的探讨一方面有利于理论研究更加契合实际，从而使理论研究指导实践发展更加具有效率；另一方面也为实践中农民合作社及金融机构如何选择适合的合作模式提供借鉴。

实践中农民合作社为社员正规融资增信的具体方式难以一一列举。根据以往的调查和既有的研究，笔者以是否承担社员借贷还款责任为依据，将农民合作社增信的运作模式分为三大类，一是转贷模式，即合作社以组织自身为借贷主体向金融机构申请贷款，获得贷款后再转贷给其社员的模式；二是承担社员借贷还款连带责任的模式，即农民合作社为社员担保，并辅以传递社员信息和监督社员还款的模式；三是不承担社员借贷还款连带责任的增信模式，即农民合作社在社员融资中主要发挥辅助性作用的模式，如辅助金融机构对社员展开经济调查、对社员信用评级，帮助金融机构监督、催收还款等。

3.1 转贷的运作模式

转贷的含义是社员申请贷款时，由农民合作社负责所有贷前审查的相关事宜，确定借款社员的借款额度、期限、利率、还款方式等贷款条件等，按照事先商定的条件，由农民合作社作为承贷主体向金融机构申请贷款；农民合作社获准贷款后，按照三方（社员、金融机构、农民合作社）事先约定的相关条件，由农民合作社负责监督，并负责最终还款。转贷模式下，金融机构的债务人是农民合作社，但为防止农民合作社的机会主义行为，一般来说，金融机构并不直接将贷款划拨给农民合作社，而是为每一借款社员建立贷款账户，直接将贷款划拨给社员。

3.1.1 运作流程

农民合作社转贷在实践中的具体做法有所差异，但一般的操作流程大致如下（见图3-1）：

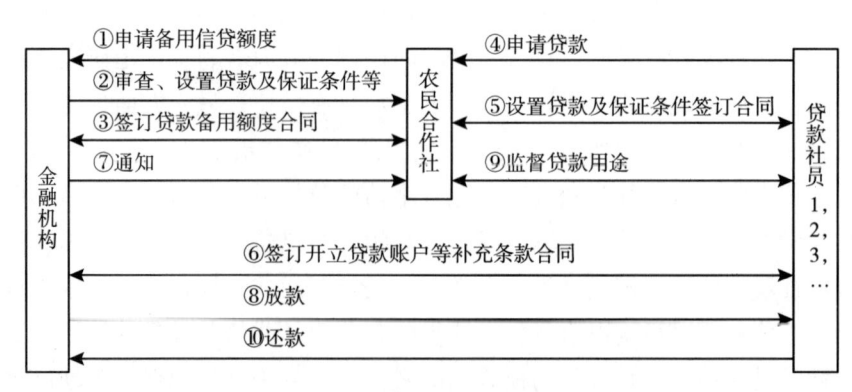

图3-1 转贷模式运作流程

（1）农民合作社向金融机构申请备用信贷额度（合作社最大可以组织名义申请转贷给其社员的贷款额度），金融机构在对合作社审查的基础上，设置贷款及保证条件等，双方达成合作条件后签订转贷贷款备用额度合同。

（2）当社员有贷款需求时，向其所在合作社申请贷款，与合作社共同设置贷款及保证条件，达成一致后签订合同。

（3）申贷社员向金融机构出具与合作社所签立合同后，金融机构与社员进一步签订开立贷款账户等补充条款合同，之后通知农民合作社。

（4）金融机构对社员放款，在农民合作社的监督下，按规定使用贷款并按时还款。

金融机构将农民合作社作为一个转贷机构，自身则成为贷款批发机构，有效降低了与大量小规模借贷农民交易付出的贷前尽职调查成本和贷后监督成本。同时对农民来说，这种模式能够大大缩短申贷的周期，能够更有效地配合农业生产周期，有助于提高农业生产的效率。

从资金的管理过程来看，转贷模式使金融机构由一对多的放贷变为一对一的放贷，借贷主体由农民合作社替代了社员，金融机构只需直接把控农民合作社的信贷风险，由合作社对贷款承担还贷责任，降低了交易成本。而农民合作社社承担了筛选合适的借款者，监督借款者资金使用、激励借款者履约的全部工作，并且承担社员的违约风险。但农民合作社与社员也因此将具有更加紧密合作的动机和基础，真正体现了农民合作社为社员服务的主旨，同时紧密的合作也有利于农民合作社的稳定可持续发展。转贷模式使原来金融机构与社员的信息不对称，转化为农民合作社与社员的信息对称，在促进社员获得正规融资以外，社员利率以外的借款成本近乎为零，也降低了社员的交易成本。

从资金的平衡关系来看，农民合作社将贷款转贷给社员使用，社员对合作社的信用是以还本付息为前提的，最终资金由金融机构贷出，而由借贷社员归还。从资金使用来看，虽然从形式上看，借贷主体发生了转变，但资金的最终使用者仍然是资金需求的农民。

3.1.2 案例解析

【案例1】某果品合作社与当地农业银行签订"信用贷款备用额度"（基

于合作社自身信用的）及转贷。其运作模式是：农业银行对该果品合作社进行评估，给予其 380 万元的信用贷款备用额度，在该备用额度内，由该合作社自行决定是否给予为其社员转贷、为多少社员转贷，以随借随还方式使用贷款。由于承贷主体是该果品合作社，农业银行只负责监控合作社是否按借贷期限归还贷款；而社员是否按期履约归还贷款，则由该果品合作社自行负责。具体的运作过程如下。

1. 金融机构的评估：合作社银行账户资金流水、固定资产投资、社会影响力、理事长声誉等

从合作的经营和绩效来看，该果品合作社具有较强实力为社员转贷增信。合作社是由大户领办的、以蜜桃、苹果种植销售为主的合作社，于 2002 年 9 月成立，经过 14 年的发展，合作社已形成从生产到市场终端的现代果品经营体系。合作社通过与科研部门合作不断改进种植品种、对社员进行种植技术指导；在当地政府的支持下修建道路与水库等，不断优化合作社种植生产和销售的环境；依托理事长承包的供销社的销售门市部，形成稳定的货源销售市场；合作社理事长个人投资建设的 1400 吨恒温库延长了种植果品的销售期，降低了市场价格波动的风险；合作社收购果品的价格已经成为当地果品价格的"晴雨表"。合作社和理事长在当地具有较高的声誉，具有较大的社会影响力。

农业银行在评估该果品合作社转贷能力时，采用较灵活的评估方式，主要包括：①通过合作社在银行账户资金的流水状况，掌握其盈利水平，并且账户上的资金在一定程度上成为了银行控制合作社为社员增信风险的资产；②合作社拥有 1000 亩的种植示范基地，基地内修建了水库等配套设施，理事长个人拥有储存量达 1400 吨的恒温库，这些固定资产的投资实质上成为了合作社为社员增信能力的象征；③合作社所处县为山东省贫困县，合作社对当地经济的带动能力已引起政府部分的关注，多次受到政府部门的表彰，理事长个人由于卓越的经营能力和带动能力，成为当地具有一定政治影响力和社会影响力的名人，合作社和理事长的声誉及因声誉损失而造成的较大的机会成本，增加了银行对合作社的信任度。

2. 社员信号成本：恒温库产品储藏规模

合作社理事长个人投资建设的 1400 吨恒温库大大提高了合作社在销售市

场竞争力。蜜桃和苹果都属于易腐农产品，不耐储藏使得其销售周期较短，在收获上市季节里，同类产品大量涌入市场造成产品价格下降，即使是品种、品质都较好的蜜桃和苹果都难以具有价格优势。恒温库使得社员蜜桃和苹果的储藏周期延长至下一收获季之前，合作社可根据市场价格的波动选择销售的时机，大大规避了市场风险，增加了社员的产品收益。

对于合作社来说，社员在恒温库储藏产品的规模成为合作社掌握其还款能力、制约其履约的关键。合作社通过社员产品的储藏规模能够估计其真实的还款能力。并且，在融资转贷中，社员储藏在恒温库的蜜桃、苹果产品实质上成为其获得转贷贷款的质押品。

对金融机构来说，社员在恒温库储藏的产品不是符合要求的有效抵押品，无法直接帮助社员获得金融机构信任。即使这些农产品能够成为抵押品，金融机构一方面难以获取社员储藏的产品规模；另一方面也难以评估由于产品的品质和市场行情变动下的价格，因而无法通过也储藏产品准确社员的评估还款能力。即使金融能够准确评估这些产品反映的还款能力，也无法通过这些产品对借款社员形成制约。

因此，合作社比金融机构更加具有了解社员收入水平、制约违约行为的能力：合作社通过社员储藏的产品规模能够评估社员的还款能力，从而决定为其转贷的规模；同时，社员产品均是通过合作社销售门市销售，产品收入的资金往来由合作社掌握控制，能够形成对社员违约的制约。

合作社为社员的转贷增信实现了社员"软信息"转换为合作社作为借贷主体的"硬条件"现实，大大缓解了社员资金的需求；同时减轻了金融机构与农民交易的信息不对称、降低了交易风险；合作社通过对社员的资助，更好地帮助其生产，壮大了合作社的市场竞争力，实现了三赢。

【**案例2**】某奶牛合作社与当地县农商行签订的"信用贷款备用额度"（基于资产抵押）及转贷。该合作社是1年半前在当地政府大力扶持下整合若干家小奶牛合作社新成立的联合社性质的合作社，合作社刚刚购置了新型鲜奶冷链运输设备。合作社正在扩大在栏奶牛规模。由于合作社成立时间不长，社员贷款需求强烈。为了降低贷款成本县农商行与合作社签订了以合作社资产担保的风险签约"备用贷款额度及转贷"协议。其他与上个案例一样，合作社在银行规定的范围内，确定借款人的借款额度、期限、利率、还款方式等贷款条件等。转贷条件下，银行的债务人是合作社。

以上转贷案例给予笔者两点启示：①合作社与银行之间的信息结构是正规金融市场的信息结构，合作社与社员之间的信息结构是基于生活和经济圈层重合的、非正式与非标准化的信息结构，通过合作社充当增信中介，实现不同信息结构的链接与组合，降低了信息成本，实现了三方共赢。②金融机构与合作社及其社员签订的合同是对合作社增信能力评估后的反映。

3.1.3 模式评析

转贷模式的资金需求者是社员，但借贷主体是农民合作社，是一种以组织信用直接替代个人信用的申贷，是增信的最强形式。转贷的增信模式主要有三个方面的积极作用：一是放大信用，通过农民合作社向金融机构申请贷款转贷给社员，使得原本难以提供抵押物的弱势社员有机会获得正规贷款；二是降低交易成本，将原本金融机构与众多借贷者的 n 笔交易成本，转化为金融机构与借款合作社的一笔交易成本；三是避免信用不对称，在农民合作社内部，社员的还款能力和信用品行等信息较金融机构来说更加容易获取。

在实地调查中，最初困扰笔者的主要有两个问题：①金融机构为什么能与农民合作社签订无抵押的信贷备用额度转贷协议，以及与借款社员签订"补充开立贷款结算账户"；②金融机构为什么不直接将贷款直接划拨至转贷合作社账户而要将贷款发放给借款社员。针对这两个主要问题，笔者对金融机构的相关负责人进行了访谈，笔者总结如下几点。

（1）对合作社账户的信息掌握和资金流掌控使得转贷风险处于可控状态。

之所以金融机构（案例中是农业银行和农村商业银行）给合作社提供无抵押的（即信用的）信贷备用额度转贷，是由于金融机构能够获取反映合作社经济效益水平的信息。在案例 1 中，果品合作社连续多年经营规模和效益持续增长，合作社在该行的资金结算往来账户信息显示，合作社经营正处于健康而良好的上升通道；在案例 2 中，政府对地方产业的大力扶持与牵头主导，以及合作社购置的新型鲜奶冷链运输设备，使得金融机构对该合作社的经济发展充满信心。并且，这些信息所反映的合作社的经济状况能够较大程度被金融机构所掌控。

(2) 农民合作社与社员紧密的利益联结加深了金融机构对转贷合作的信心。

案例1中的果品合作社的产品品质良好，在地方政府的支持下注册了国家级商标，社员的销售只有通过合作社才能销往北上广深等大超市，才可获得丰厚的收益。案例2中牛奶的易腐性使得其运输较为困难、成本较高，社员只有通过合作社的鲜奶冷链运输设备才能够实现最佳的经济效益增值。这种合作社对社员农业生产命脉的控制也加深了金融机构对合作社的信任度。

(3) 节约交易成本、制约农民合作社机会主义行为。

农行与合作社签订一个总额度控制的转贷协议（即该信贷备用额度是授信给合作社的），在每一个借款人借款时，就节约了银行的贷前调查、贷中审查、贷后督查的成本。农行将资金直接划拨至借款人账户有两个有利于风险控制的好处：一是增加社员作为当事人，有利于增强借款社员的信用意识，有利于优化金融生态环境；二是有利于控制资金用途和当事人资金使用成本（避免合作社"加价"转手）。并且签订开立账户等补充条款的成本与贷款尽职调查成本相比是可以忽略不计的。

然而，实践中以转贷方式为社员增信的案例并不如其余两种增信模式普及，其原因是多方面的，但根源是在于我国农民合作社特殊的性质和自身的经济发展水平并不尽如人意造成。农民合作社被赋予了企业法人的地位，但却是合作经济性质的、从事农业相关生产的企业法人。合作经济组织的资产是共享公用的、但同时也是可分割的，加之农业性资产的投入大多易腐（如中间待加工产品）、易损（如农机具）、难变现（如耕种的土地、办公的宅基地），这使得农民合作社难以获得金融认可具有承贷的资质。此外，我国的农民合作社发展尚处于初级阶段，许多合作社自身的盈利能力不高，组织自身发展也急需资金的支持，无暇顾及社员所需。而农民合作成员异质的发展现实下，担当主要发展力量的实力参与者社员大多追逐自身利益最大化，与普通小农的社员利益联结并不紧密，也因此缺少积极为社员服务的动机。

通过对以上两个案例可以发现，转贷模式运作离不开外部环境的支持，尤其是政府与金融机构的配合。在案例1中，金融机构采取灵活机变的手段评估农民合作社是转贷模式得以成功运作的关键；在案例2中，政府基于支持产业发展而对合作社的大力扶持是使得金融机构愿意转贷的主要原因。

农民合作社转贷的增信模式实际阐释着金融机构、农民合作社与社员三者间的准信用关系,将组织信用替代社员的个体信用转化为,化解缺乏抵押担保的农户、微小企业的融资困境。但这一模式的运用需要多面的配合。

3.2 承担还款连带责任的运作模式

承担还款连带责任模式是由社员个体为承贷主体,其所在合作社承担还款连带责任,即若社员没有按时履约,则贷款履约责任将由合作社承担的一种增信运作形式,是一种以组织信用强化个人信用的申贷。一般来说,承担还款连带责任的增信运作模式大都以担保为主,辅之以传递信息、监督等。

3.2.1 运作流程

农民合作社在实践中的具体做法有所差异,但一般的操作流程大致如下(见图3-2):

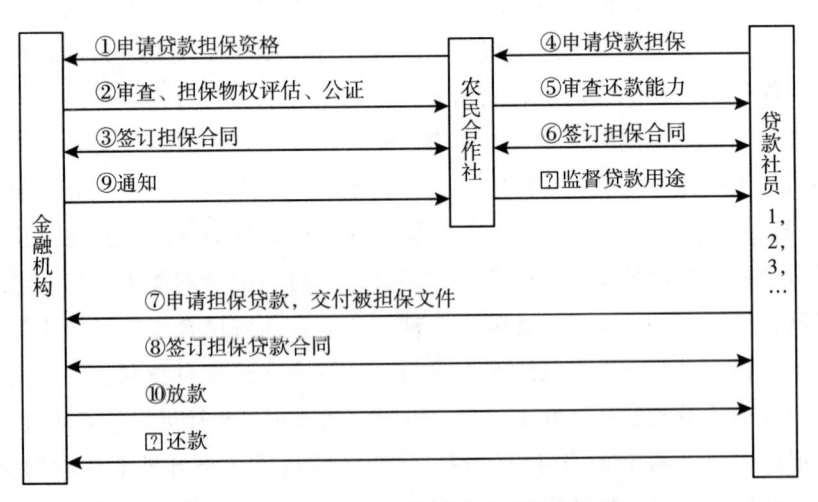

图3-2 承担还款连带责任模式运作流程

(1)农民合作社向金融机构申请贷款担保资格,金融机构对合作社进行审查和担保物权评估及公证,之后农民合作社与金融机构签订担保合同。

（2）当社员有贷款需求时，先向其所在合作社申请贷款担保，合作社随即审查社员的还款能力，达成一致意见后，签订担保合同。

（3）申贷社员向金融机构申请担保贷款，交付被合作担保的文件合同，随后金融机构与社员签订担保贷款合同，完成后通知其所在合作社。

（4）金融机构对社员放款，在农民合作社的监督下，按规定使用贷款并按时还款。

这种第三方担保是一种信誉证明和资产责任保证结合在一起的金融中介活动。对金融机构而言，农民合作社对社员具有信息获取的优势，其直接面对社员产生规模效应，节约了信息收集成本，当借款社员违约时，由其来补偿金融机构所受的损失，减少了其信贷风险。对借款社员而言，农民合作社作为第三方担保，缓解了自身担保能力不足的障碍，促进了其融资的获得。农民合作社成为了农民与金融机构之间的信用纽带，分担了金融机构的信贷风险，促进双方交易的顺利达成。

3.2.2 案例解析

【案例1】农业银行2008年将农民合作社作为农民贷款担保方式之一写入《三农担保管理办法》中，湖北农业银行2010年在黄冈、黄石、荆门、十堰、随州五个地区开展了合作社担保贷款业务[①]，其采取的模式主要有三种：①"合作社＋多户联保＋风险基金＋社员农户"；②"合作社法人代表＋多户联保＋风险基金＋社员农户"；③"合作社＋风险基金＋社员农户"。其中，"多户联保"是指同一合作社社员之间的联保，联保社员间为组内成员的贷款提供连带责任。"风险基金"是指合作社设立风险基金专户，社员农户按照贷款额度的10%缴纳风险金。"合作社法人代表"一般是当地的致富能手、具备较强的信用意识和社员感召力，这种参与模式通常适用于法人代表资金实力较强的合作社。截至2011年3月末，五个地区的农业银行分别向1099户社员农户发放了9838万元短期流动资金贷款，尚未出现不良。

【案例2】浙江省温州市某水稻种植合作社成立信用担保基金开展担保贷

---

① 来自湖北农业银行三农信贷部的调研报告，载于《湖北农村金融研究》2011年第10期。

款。合作社内部建立信贷信用部，由社员自由决策缴纳一定数额的资金，形成担保基金池。当社员申请正规贷款时，合作社信用部根据社员缴纳担保股金数最大放大6倍给社员担保，由此解决了社员因缺乏担保而难以获得正规贷款的问题。由于该合作社只为社员提供担保服务，合作社能够利用信息优势，有效地监督贷款社员的资金使用，降低了金融机构的服务成本，减少了道德风险发生的可能性。此外，社员缴纳的担保股金在一定程度上能够对其违约行为形成一定的制约，更为重要的是合作社提供的担保服务对社员来说是一种稀缺性的资源，这一服务的本身就对社员的履约形成有效的激励。该合作社信用部共获得金融机构1.5亿元授信规模，截至2015年末，共为689个农户担保发放资金7797万元，未发生一笔呆坏账。由此可见，担保模式的增信是一种较为有效缓解农民融资困境的模式。

此外，在调研中，笔者还发现一些较好的做法，可供借鉴。

(1) 基于圈层"人情"制约的模式——核心社员联保。

在非正式制度层面，合作社核心成员参与联保是增加借贷社员信用水平的重要途径。核心社员是合作社决策管理人，是合作组织利益的最大一类获益者，与合作社经济利益联结更加紧密，更加关注合作社的长期发展，具有对借贷社员的监督动机。合作社将为社员增信的风险由合作社和联保的核心社员共同承担，共同对借贷社员进行监督。通过将借贷社员与核心社员的信用捆绑，借贷社员与核心社员的人情担保制约了借贷社员的违约概率，核心社员对合作社发展的关注制约了其与借贷社员的"同谋"行为。

(2) 基于产品销售的制约——库贷挂钩。

山东省一些农民合作社创新的"库贷挂钩"模式也为社员向外部金融机构申请借贷提供了较好的借鉴。这种模式目前主要于合作社的内部信用合作，但对于没有被批准试点合作内部信用合作社的省份来说，将其运用于社员的外部融资也能够形成制约。在具体运作上可以考虑将社员储存在合作社自有冷库中的农产品作为反担保品，合作社为社员担保的贷款额度不超过反担保品价值的一定比例，由此形成对社员的增信。

(3) 基于未来收益的制约模式——销售收入抵押。

农民合作社本是农民对接市场的组织，社员通过合作社销售的产品，并按照合作社约定获得销售收益分配，但这种模式只适用于社员与合作社之间交易以非即时结算方式进行的合作社。

以上列举的是一些较为典型的做法，实践中各个地区的农民合作社、农民，以及他们之间的关系等都存在较大的差异，如何评估社员信用并没有统一的标准，但基本的原则是一致的，即防止社员违约的制约主要通过合作社与社员的经济联系来进行。

3.2.3 模式评析

承担还款连带责任模式的资金需求者是社员，借贷主体也是社员，农民合作社通过担保方式增加了金融机构对借贷社员的融资信任度，是一种以组织信用强化个人信用的模式，是次于转贷模式而强于不承担还款连带责任模式的增信形式。在农村金融机构与其社员之间引入农民合作社作为一个传递信号的第三方担保，可以在一定程度上解决农民担保品缺乏的问题。承担还款连带责任模式最主要的积极作用就是信用放大，通过农民合作社的担保，减少了金融机构对与社员交易不确定的预期，使得原本难以提供抵押物的弱势社员有机会获得正规贷款，此外，由于农民合作社为社员进行了担保，承担了相应的还款责任，因而合作社有着监督社员履约还款的较强烈动机，减少了金融机构的贷后监督成本。

实践中，以担保为特征的运作模式的主要特征是：农民合作社专门设立担保基金，由社员共同出资担保股金，由专门的信用担保部门负责担保事宜的管理，且根据社员担保股金的出资额按一定比例放大为社员担保。农民合作社要求社员出资担保基金表明这一模式运作对社员的经济条件提出了一定的要求；按出资比例放大担保倍数表明对社员的贷款规模有着较为严格的限制；合作社专门部门负责管理担保事宜则在一定程度上对合作社的运营规模提出一定的要求。因此，这一模式是对农民合作社、借贷社员等参与者提出更为清晰责任界定的运作模式，这里的"更为清晰责任界定"的意思是指模式的运作流程能够通过清晰的正式制度合约设计来完成。

此外，通过对实践中担保运作增信模式的分析，可以发现担保运作模式具有以下两个特点。

（1）地方财政扶持资金介入与农村金融机构积极参与。2013年，"中央一号"文件提出"创新符合农村特点的抵（质）押担保方式和融资工具，建立多层次、多形式的农业信用担保体系"。在此目标指引下，财政部在全国12个省区创新财政支持农村发展方式，支持合作社担保贷款创新。同时，各地农村金融机构也在开展合作社担保贷款的新担保方式积极参与，通过到村委会、民政、农经、银行、房屋产权、林业、公证、评估等多个部门进行尽职调查。农业银行积极创新农民贷款担保方式，2008年就将农民合作社作为农民贷款担保方式之一写入《三农担保管理办法》，在2013年"中央一号"文件的政策引导下，更是积极在各地展开实践发展。各地政府在地方或自出资组建或牵头组建的担保平台，也为更多的农民合作社参与到融资活动中提供了基础。笔者于2013年在安徽金寨实地调查就了解到，当地农村商业银行通过政府担保平台就农民合作社及社员融资的开展试点。

（2）农民合作社支持社员贷款意愿较为强烈。许多运营管理比较规范的农民合作社，或原本就具有或在参与担保合作中完善了较完备合作社的账目、票据、合同、证照等，对其经营效益、资产权属、债权债务、贷款数量用途等财务信息的记录较为规范，为其能够成为第三方担保奠定基础。

3.3 不承担还款连带责任的增信运作模式

不承担还款连带责任的增信运作模式主要是农民合作社在社员与金融机构借贷交易中提供的辅助性服务，如辅助金融机构开展社员经济调查、社员信用等级评定，授予社员信用贷款额度；辅助金融机构进行社员信用调查，促进金融机构正确决策，以及辅助金融机构管理贷款，帮助催收贷款本息等。

3.3.1 运作流程

不承担还款连带责任模式是由社员个体为承贷主体，其所在合作社经过评估、决定是否替借贷社员向金融机构推荐，但是否采纳农民合作社意见则由金融机构自由决定。农民合作社为社员的增信主要体现在减轻社员与金融机构信息不对称，降低交易和监督成本的作用。与以上探讨的两种增信模式相比，这是一种增信力度较弱的模式。在实践中，农民合作社的具体做法有所差异，但一般的操作流程大致如下（见图3-3）：

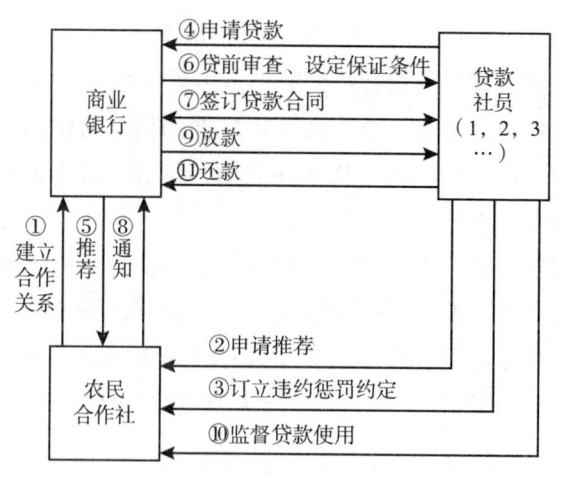

图3-3 不承担连带还款责任模式运作流程

（1）农民合作社与金融机构就社员融资的辅助工作达成合作意向，建立合作关系。

（2）当社员有贷款需求时，先向其所在合作社请求推荐，达成一致意见后，农民合作社与社员订立违约惩罚约定。

（3）社员向金融机构申请贷款，农民合作社为金融机构的贷前尽职调查提供辅助性工作，向其推荐社员。金融机构在参考合作社意见的基础上，对申贷社员进行贷前审查，审查合格后，金融机构设定还款保证条件，取得一致意见后，与社员签订贷款合同，完成后通知其所在合作社。

（4）金融机构对社员放款，在农民合作社的监督下，按规定使用贷款并按时还款。

在这一增信模式过程中，合作社并不给予社员融资信任度的直接支持，社员能否获得贷款仍旧取决于自身的贷款条件，降低社员与金融机构间的信息不对称，辅助性减少交易和监督成本是农民合作社在这一模式中主要发挥的作用，从根本上来说也是一种合作社为社员的增信。

3.3.2 案例解析

【案例1】山东某蔬菜合作社为解决其社员季节生产性资金需求，与当地农业银行合作、向其推荐借贷社员的案例是声誉机制发挥强作用的典型案例。其与农业银行合作的模式是：合作社利用掌握的信息对申请贷款社员的还款意愿和还款能力做出评估，将合格者向农商行推荐，并为其担保，同时形成书面评估报告递交给农行。

之所以该农业银行同意接受合作社推荐，主要原因有两点：一是该合作社在农业银行设有资金账户，农资购买与产品销售的资金流大部分经该账户进出，银行对合作社的发展状况较为了解；二是以村组织为依托组建的合作社发展悠久，社会口碑较好，农业银行认为该合作社的商业信用水平较好，因而最终达成合作。

总的来说，该合作社为社员推荐是基于以下两点。

1. 良好的经济效益和合理的利益联结机制，加重了利用关联交易下的惩罚

该蔬菜合作社利益联结机制的设计受到了全体村民社员的拥护。合作社的现金股份由11名村两委干部投资，每人出资40000元入股，全村305户农户家庭全部加入合作社，以土地入股方式入社，1亩土地计1股，土地折合资金1300000元。合作社统一安排种植、统一生产、统一销售产品，规定所有收入采取按7∶3的"按交易额+股份"分配。全体村民入股的产权利益联结实现了风险的共担；"按交易额+股份"的分配制度在坚持"按交易额分配盈余"的合作本质的基础上，考虑了对不同生产要素投入的报酬激励；7∶3的比例则体现了在取得一致性意见的基础上，资金报酬有限的合作本质。

合作社良好的经济效益来自于在专业的种植技术下，与稳定的合作伙伴销售高品质的蔬菜，大大提升了农产品的附加值。

（1）专业的种植的技术和稳定的合作伙伴保障了产品的销售渠道。合作社所在村农耕历史悠久，传统的种植技术带来了作物的丰收，但村民现金收入较少。为了改变这种低收入状态，自20个世纪90年代开始，该自然村开始进行结构调整，探索新的发展之路。1992年，合作社所在村与某龙头企业合作，建立无公害蔬菜生产基地。为了建设达到权威机构认同的有机蔬菜种植基地标准，村里开始改造土地种植区域的卫生环境、改良种植土地、组织村民学习先进种植技术等。到 1994 年，村无公害蔬菜种植面积达到 200 多亩。1998 年，村集体对耕地进一步规划，扩展有机耕地 800 多亩，种植蔬菜种类达 11 种，其产品主要出口欧盟、美国。2002 年，在村干部的组织下，村民组建了有机蔬菜协会，并在民政局注册。《合作社法》实施后，协会于 2008 年 1 月重新组合成立有机蔬菜合作社。多年来，该有机蔬菜合作社与龙头企业形成稳定合作，在龙头企业的技术支持下，合作社和社员共同打造了专业的种植基地、掌握了稳定的种植技术，且与龙头企业展开订单合作的方式，保障了产品的销路。

（2）高品质的质量提升了蔬菜产品的附加值。合作社的种植基地和有机蔬菜产品先后获得国内外多家有机食品权威机构认证，并在工商局注册有机蔬菜商标品牌，产品大部分出口国外。社员种植的有机蔬菜较之前种植传统普通种植技术下的蔬菜产品，收益提高 20%～30%。

截止到 2012 年末，合作社年产量 848 万斤，占社员生产品总量的 95%，经营收入 8693746.9 元，净收益 583101.19 元，社员盈余分配达 52 万元。在合作社的带动下，全村农户家庭经济收入提高，取得了良好的经济效益和社会效益。

合作社良好的经济效益和合理的利益联结机制使得社员获得了丰厚的收益报酬，社员的经济生活水平很大程度上依赖于与合作社的重复交易，为声誉机制发挥作用提供了基础。借款社员在较好的经济收入水平下一般不存在经济上还款的困难，如果因为自己主观意愿造成的违约，合作社将给予其惩罚，不允许其参加以后的产品销售，违约社员将面临更大的经济损失。这种因还款违约造成的关联交易惩罚，大大加重了社员违约的机会成本。

2. 农村熟人社会圈层的重复交易与领袖的权威，放大了声誉的影响力

合作社的领办人兼村两委干部在社员与农业银行的借贷活动中具有一定的特殊作用。多年来，村民在村长及村两委干部的带领下逐渐富裕起来，村两委干部为了基地的构建、种植的技术、产品的销路等付出了极大的心血，村长（理事长）和合作社多次获得政府的扶持和嘉奖，受到了全体村民社员的拥戴，在当地具有较高的社会口碑。在与农业银行的合作中，也是由村长兼理事长亲自联络、洽谈至合作协议达成。如果借贷的农户出现违约，在某种程度上不仅对合作社的声誉造成损害，也对合作社领袖的声誉造成损害。合作社是在村干部兼核心社员的努力下发展起来的，合作社声誉以及个人的声誉都与合作社核心社员息息相关，为了维护和巩固合作社及个人的声誉，核心社员作为"领袖"有动力去维护融资交易合作的正常运作，监督社员的按时还款。

合作社与农业银行进行融资合作主要基于解决社员自身在生产中面临的季节性流动资金缺乏问题而展开的，所有由借贷需求的社员都能够在合作中获益。如若一个社员出现违约，对所有有需求的社员借贷资金都受到影响，那么违约社员将面临的是所有社员、也就是所有村民的群体性排挤和惩罚。

由于该合作社是由村组织牵头组建，全村村民全部参与，使得社员的生活圈层与经济圈层重合，因此，即使社员退出经济圈层、也依旧无法离开重合的生活圈层，合作社实质上是一个闭合的圈层社会，除非社员离开居住地，否则声誉机制表现为无限期重复博弈。因此，声誉机制对社员激励和约束放大，合作社对社员因违约而受到合作社驱逐的经济惩罚成为社员根本承受不起的有效威胁，从而能够实现对社员履约的双重激励。

合作社与农业银行的合作经过初期半年的试点，所有贷款社员均按时还款、无一违约，取得较好的合作效果。为保证合作的稳定与长久，合作社成立了信用社员评定小组，专门为社员进行信用评级，发放贷款证，截至2013年12月31日，共有296名社员获得授信，额度小于或等于10万元不等，以基准利率优惠10%计息。这种合作方式有效解决了社员的融资需求，使得合作社生产得到顺利拓展，而农业银行在有效降低风险的同时，也取得稳定经济收益，实现了社员、合作社、农业银行的三赢，突破了由于信息获取成本高、担保手段缺失等因素带来的融资"瓶颈"。

【案例2】安徽某蔬菜合作社在合作社内部对社员开展综合信用评定。为了解决社员"担保难、抵押难、贷款难、贷款贵"的问题，该合作社与当地农村商业银行展开合作，理事长积极按照农商行的信用村创建标，进行宣传、教育、动员合作社社员参与个人征信，提出积极创造条件成为"信用户""信用村"和有信用的农民合作社，实现"用信用换钱"，"免受高利贷之苦"。其具体的操作内容分为以下六点：

（1）与农商行商定社员信用等级评定指标，由合作社与农商行共同参与社员的信用量化评分；

（2）社员信用分个人品质、生产经营状况及家庭财产、社会反映、承债能力等五方面综合评估，同时借鉴社会传统声誉的影响，即参考"五老"意见（老干部、老教师、老党员、老代表、老劳模），将信用评定共细化为20个子项；

（3）每一社员按具体子项量化评分，按总得分确定相对应的信用等级，最后形成"优秀、较好、一般、较差"四个信用等级；

（4）对"优秀""较好"信用等级的社员直接办理了信用贷款证，在授信期限内实现"一次核定、随用随贷、余额控制、周转使用"；

（5）第一次使用信用贷款证时，需要合作社推荐，合作社要为每一位借款社员的借款情况做"台账"，并负责督促借款人按期还款；

（6）合作社与农商行达成协议，在前一个授信期严格履约的信用户，可以获得增加授信额度，和优惠贷款条件。若有借款人违约将印象信用村等级。

自2013年起2年多的时间里，该合作社中借贷社员无一违约，甚至还出现多年"老赖"主动还旧账的情况。

3.3.3 模式评析

不承担还款连带责任模式的资金需求者是社员，借贷主体是社员，还贷责任是社员，农民合作社通过辅助性地信息传递与监督来减少金融机构对交易不确定的预期，以达到为社员融资增信的目的，是一种较弱的组织信用强化个人信用的增信方式。不承担还款连带责任模式增信的最集中体现就是减轻信息不对称、降低信息获取成本，即农民合作社为社员传递融资信息，加强金融机构对借贷社员的了解程度和信任程度，并在社员获得贷款后，既将监督的信息反馈给金融机构，也通过声誉机制和关联交易对社员的履约形成激励。

需要注意的是，金融机构对农民合作社的信任度是这一模式中极为重要的要素，而这一信任既与合作社自身的经济发展水平、运作规范程度、为社员服务的目标实现表现相关，也与合作社负责人（基层干部组织）的引导号召力密切相关。笔者在实地调研中发现多起不承担还款连带责任的合作社增信案例，发现这一模式得以运用发挥作用是农民合作社联合农村基层组织共同作用的结果。具体来说，农民合作社大多基于自然村村落而成立，基于村委会发起组建，合作社领导既是村委会领导，又是合作社的负责人。同一自然村村落的村民之间彼此熟悉、互相了解，信息较为对称；更为关键的是这种基层组织及干部的社会声誉是农民合作社信用评定、推荐等辅助性工作得以金融机构认可的核心因素；合作社利用与社员的经济关系联系，对社员的经济水平状况掌握的更为细致具体，也能够利用关联交易形成对社员违约的制约。

在某种程度上来说，这一模式并不是单一农民合作社的增信，而是同时嵌入了基层村组织及村组织干部社会声誉和影响力的混合增信模式。

通过本章对不同增信运作模式的分析，可以发现以下三点启示：

（1）不同的增信运作模式反映了农民合作社与社员间的不同的利益联结机制。

（2）不同的增信运作模式反映了农民合作社自身的市场影响力。

（3）不同的增信运作模式体现的实质上是一种农民合作社与金融机构就谈判和重复博弈下的"合作均衡"[①]。

[①] 本书研究较少涉及对农民合作社与金融机构的合作博弈过程分析探讨，有待日后进一步深入探讨。

第4章
农民合作社增信的差异：基于不同利益联结方式

农民合作社增信主要是农民合作社利用与社员间的信息对称，发挥信息传递作用，通过组织声誉强化社员个人信用实现社员融资信号显示，提升金融机构对社员的融资信任度；在社员获得贷款后，农民合作社利用声誉机制和关联交易形成有效的社员自履约激励，降低金融机构对与社员交易不确定性的预期，从而达到促进社员贷款获得的目的。但是，实践中不同的增信运作模式表明农民合作社增信的方式、力度、效果都是存在差异的。

那么，农民合作社如何选择增信的模式和力度，以实现增信的预期效果。在实地调研中，笔者发现利益联结机制是影响合作社增信模式与力度选择，进而影响增信效果的重要因素。

市场经济理论认为，利益是理性人参与各类经济活动的主要动机，作为参与市场经济交易的企业法人，利益是农民合作社发展的重要目标。但农民合作社的身份不单单仅是企业法人，更是基于为社员提供与农业生产相关服务的自组织机构，因此，农民合作社的利益是社员的共同利益。如果说，基于共同利益的社员合作是合作社有效运转的基础（Hansmann，1996），利益联结机制则是共同利益具体的体现。但共同的"利益"并不仅指正向利益的获取，还包括负向利益的分担，利益联结不仅是"利益共享"，也是"风险共担"。

从实践来看，我国农民合作社的发展还处于初级阶段，运作不够规范，特别是在成员结构异质的发展现实下，社员间的利益目标存在差异。利益联结机制体现出双面性的内容，其既体现了组织共同利益的一致性程度，也体现了组织共同利益与社员个体利益的差异性程度。所以，利益联结机制对协调异质社员的利益实现，进而组织合作的稳定性、组织的市场竞争力、可持续发展等都产生重要影响。因此，利益联结影响着农民合作社的增信能力。

不仅如此，利益联结还影响着农民合作社的增信意愿和力度，以及金融机构对农民合作社增信的认可程度。与合作社利益联结更加紧密的社员，合作社增信的意愿高、增信的力度大，金融机构对合作社增信的认可度也高，为社员融资增信的效果好。

本章主要探讨两个问题：①利益联结对农民合作社增信能力的影响；②利益联结对社员融资效果的影响。对农民合作社增信能力影响的研究是社员融资效果研究的基础；在一定的增信能力下，利益联结影响着合作社增信的意愿和力度、金融机构的认可程度，最终对社员融资的结果产生影响。

4.1　不同利益联结机制下农民合作社增信能力的差异

4.1.1　利益联结机制的主要类型

传统经典合作社以同质社员间的合作为基础，社员间的利益目标差异较小，"按惠顾额分配"合作社收益是一种实现同质社员共同利益目标的合理有效的利益联结机制。但是，随着我国市场经济的发展和社会制度的变迁，农民分化已成为不争的事实，农民之间在经济收益水平、生产技术水平、市场对接能力等方面差异性逐渐扩大。在农业产业化发展方向下，为了能够更加有效地参与市场经济交易活动，农民迫切需要组织在一起以增加参与市场竞争的能力水平，但不同类型农民的参与动机和利益目标必然存在差异，由此形成了我国农民合作社成员结构异质性的特色（林坚，2007；黄珺，2007；黄胜忠，2008；孔祥智，2010；徐志龙，2012；张龙耀，2012）。利益联结机制是异质性社员间合作的桥梁和纽带，发挥着调节利益在异质社员间分配的功能。

第4章 农民合作社增信的差异：基于不同利益联结方式

由于农业行业细分下的生产方式存在较大差异、我国农村地区经济发展水平状况存在较大差异、不同地区农民圈层社会的交往规则也存在较大差异，因此，现实中不同农民合作社对调节异质社员间利益分配的利益联结机制设计千差万别。虽然笔者无法一一列举具体的每一种利益联结机制，但可根据利益联结的特征将它们进行归类。笔者认为依据利益实现的过程，利益联结机制可分为三大类：生产过程的利益联结、销售过程的利益联结，以及产权的利益联结。并且，按照利益联结的紧密程度，生产过程的利益联结＜销售过程的利益联结＜产权的利益联结。

1. 生产过程的利益联结

顾名思义，这种利益联结只发生在农业生产的过程中，较少涉及直接的资金经济利益。按照是否涉及具体的生产安排，可分为技术与信息服务型与生产流程安排型两类。其中，技术和信息服务型的社员合作仅限于交流农业生产技术与市场信息、统一购买生产资料、统一防治疫病、统一销售场地等，是合作的最初级层次。生产流程安排型的利益联结大多是社员所从事农业行业对生产过程具有一定的要求，由合作社组织起来社员的生产。

（1）技术与信息服务型的利益联结。

技术与信息服务型合作社社员的经济利益实现大部分依赖于自身，而与合作社相关性不大，属于利益联结最为松散的一类。如某渔业合作社是一家以从事食用鱼销售为主的合作社，所售活鱼品种主要为鲤鱼、鲢鱼、鲶鱼和草鱼。合作社与某某科技股份公司共同组成渔业协会，建立食用鱼品牌"×××"牌。合作社在当地设有水产销售点，承包费用为20000元/年，成员交纳少量场地费即可进入销售点，自己将养殖的鱼在水产销售点销售，合作社不保证成员活鱼的销售，但成员所售鲜活鱼需以"×××"牌销售，每斤价格不得低于15元。为保证品牌质量，销售点规定非本地活鱼不得进入水产销售点，同时合作社为成员提供统一鱼种、鱼药、饲料购买，不加价，也为成员提供免费培训和技术指导。理事长、其他合作社发起人、普通社员三者之间经营收入各自独立核算。

（2）生产流程安排型的利益联结。

生产流程安排型合作社的管理类似于企业与员工之间的管理，主要是合作社视社员为"员工",采取企业式运作方式,统一安排农业生产、产品加工与销售等活动。一般来说,这种利益联结主要存在于对农产品生产过程中技术、环境都有一定要求的农业产业中。如某茶叶合作社主要从事高端茶叶的种植和销售活动,合作社由原茶叶销售公司出资组建,所种植茶叶全部由茶叶销售公司加工销售。由于茶叶的种植与加工需要一定的技术标准,合作社组织当地种茶户种植茶叶,并专门雇用技术人员进行茶叶种植的管理工作。社员按合作社的统一安排种植和采摘茶叶、并接受监督,合作社按茶叶的标准等级以不同价格收购社员的茶叶,市场风险与风险收益由合作社承担。

(3) 两者的评析与比较。

对于一些缺乏生产技术、信息获取渠道较狭窄的农民社员来说,技术与信息服务型合作社提供了社员所需,虽然并未产生直接的资金经济利益,对社员最终的资金经济利益获取发挥了辅助性作用,但最终的所有的风险和收益都取决于社员自身。

生产流程安排型合作社通过企业式的生产管理与运营,有效地提高了产品质量水平,增加了组织和社员的市场竞争力,在一定程度上改善了社员的市场地位,提高了社员的收入。但合作社的经营风险主要是由合作社承担,大部分普通社员并未给予分担,相应地,这些社员的收入增加主要来自于初级农产品质量的提升,而主要由规模经济和产品加工带来的附加值收益则由合作社获得。因此,这种利益联结并不紧密。但相对来说,生产流程安排型合作社的利益联结较技术与信息服务型合作社的利益联结更加紧密。

2. 销售过程的利益联结

这种利益联结主要发生在农产品销售的过程,或辅以生产过程的利益联结或并不涉及生产过程的利益联结。按照实现农产品销售的利益形式,可以分为销售买断型利益联结与销售合作型利益联结两种。其中,销售买断型利益联结的主要特征是合作社与社员的合作以市场交易为基础,即合作社对社员产品采取一次收购的方式,钱货两清是最终的销售结果。销售合作型利益联结主要是延续传统经典合作社的共同销售、按交易额/交易量进行利益分配机制,即所有社员通过合作社共同销售产品的方式共享收益。

(1) 销售买断型的利益联结。

销售买断型的利益联结主要包括两种形式：一是保证对产品量的收购，价格随行就市；二是以保证的价格对产品收购，收购数量以合作社需求而定。一般来说，这类合作社主要以易腐类农产品（如蔬菜、水果等）的生产，或是产品运输较难，或是产品市场价格波动较大的生产为主，以调研中的样本合作社为案例进行说明。

①某蔬菜合作社主要从事季节性蔬菜的种植销售，由于季节性蔬菜易腐且附加值较低，销售资金的轮转对种植农民十分重要。合作社成立之前，普通种植农户经常遇到蔬菜来不及销售出去、直接腐烂而遭受经济损失。合作社保证把社员产品销售出去，避免形成最大的经济损失状况，但由于合作社帮助社员销售产品的价格随行就市，因此，社员并不一定能够不遭受经济损失。

②某农产品产销合作社主要从事土豆、小麦、油菜籽的种植与销售，拥有注册商标"×××"。合作社与某种业公司合作，统一安排基地土地种植品种，统一购买土豆种苗、农药和化肥，提供农机作业服务，一整套作业服务收费约低于市场价40元。待土豆成熟，合作社以高于市价0.01~0.02元/斤收购买断成员产品，优先保证社员的产品收购。合作社将收购的土豆进行分类，小土豆卖给当地合作的淀粉加工厂，约占土豆收购量的1/4，其余土豆或按与多年合作经销商签订的订单发往绵阳、西安、太原、运城等地，或放入储窖储存，根据市场价格波动运往市场销售。2012年，合作社共获毛收入80万元，纯收入8万元，由发起人按出资额分红。这种保护价收购社员农产品的销售在一定程度上改善了农民销售收入的实现，但如果遇到丰收年份，农民合作社的需求量有限，农民依旧可能面临产品积压，销售不出去的局面。

(2) 销售合作型的利益联结。

销售合作型合作社采取社员共同销售产品的方式，因而销售收入大多以按交易额/交易量为主进行分配。由于共同销售农产品，为避免社员的机会主义行为，农民合作社内部在生产上往往也有极为紧密的分工，需要社员的积极配合，且有人员专职进行分工管理，同时设有一定的入社标准，或是对入社后社员的服从提出明确的要求。

需要说明的是，在农民合作社异质性普遍存在的现实情况下，仅单一按交易额/交易量分配全部收益的合作社几乎不存在。这是因为，在异质性的农民合作社中，一些贡献了稀缺资源要素（如管理人员的人力资源要素贡献、销售人员的社会资本资源贡献、合作社基础建设投入的资金资源要素贡献等）的社员应该获取与其贡献相匹配的额外收益补偿，否则稀缺资源要素贡献者的社员将缺乏有效的激励相容，合作社的运作和经营都将受到影响。因而，实践中销售合作型合作社的收益大多以按交易额/交易量为主，同时辅以其他的利益分配方式（如按资源贡献水平）。如某食用菌种植合作社该合作社由2名大户领办，35名社员加入，领办社员负责食用菌种植过程中技术指导和生产流程管理，并负责食用菌的运输与销售，贡献了人力资本和社会资本要素。当销售完食用菌后，合作社采取的以3:7的比例采取"按资源要素投入+按交易额"分配收益的利益联结方式，即合作社收益的30%用于支付领办社员的资源要素投入，剩余70%按社员与合作社的交易额进行分配收益。

（3）两者的评析和比较。

销售买断型合作社实质上形成了两层利益联结，即发起人之间较为紧密的风险共担、利益共享的紧密型利益联结、发起人与普通社员之间各取所需的风险转嫁与规避的松散型利益联结。但是这种交易关系的本质阻断了合作社与社员间的利益共享和风险共担，因而社员大会、理事会、监事会往往形同虚设，运作不够规范，农民合作社难以形成较强的社会声誉。并且合作社在收购季节往往需要大量的流动资金用于收购，自身经济效益经常受到资金短缺而遭受损失。

销售合作型合作社与社员之间、不同类型社员之间在农产品的生产、收购环节上互相负责，形成了有效的激励与经济约束。合作社在坚持传统经典合作社合作本质的前提下，考虑了社员的贡献的差异，并给予适当的激励，有利于合作社的稳定运行。社员共享了产销环节的收益，同时也承担与收益相对应的风险。因此，销售合作型合作社的利益联结较销售买断型合作社的利益联结更加紧密。

3. 产权的利益联结

产权的利益联结主要以股份联结为主要特征，以现金、实物、土地等多种具有经济价值的资产为股份的形式，并按股份比例分享收益和承担风险的利益联结方式。利益联结是收益共享的联结,更是风险共担的联结。从这一视角来看,产权联结是利益联结最为紧密型的形式,产权的合作使得所有的社员分担了合作社组织经营所面临的所有各类风险,包括农业产业的自然风险、市场风险、管理风险等。而即使是利益联结也较紧密的销售合作型合作社中,所有社员也并未共同承担所有的风险,如普通社员并未承担合作社的经营管理风险。因此,产权的利益联结是更为稳定的利益联结机制,是打造真正的利益共同体的基础,更加有利于合作社的可持续发展。如某南瓜种植合作社由5名南瓜种植大户领办,他们出资50万元现金入股,并负责合作社的管理、运营和产品销售,贡献了人力资本和社会资本要素,其余145名成员只以土地入社。合作社共同销售产品,全部收益按现金股(40%)+土地股(60%)进行分配。

4.1.2 农民合作社增信能力的差异

信息不对称、交易不确定性大、交易成本高是农民面临正规融资约束的主要成因,合作社之所以能够通过增信方式促进社员获得贷款,其主要原因就在于合作社的增信在一定程度上减轻了社员与金融机构间的信息不对称,减少了金融机构对与农民交易不确定性的预期,降低了金融机构与农民交易的成本。但不同的增信模式表明农民合作社的增信力度是不同,因而在改善社员融资条件的程度也是不同的。利益联结机制影响着农民合作社的稳定可持续发展,对合作社的增信能力重要影响,是农民合作社选择不同增信运作模式的重要决定因素。笔者认为,不同利益联结机制对农民合作社增信能力差异的影响可从信息的对称性、声誉的传导替代性、自履约的激励性三方面进行阐述。见图4-1。

1. 信息对称性的差异

金融机构作出贷款决策之前必须依据高质量的信息甄别"好"和"坏"的借款人以判断贷款机会,只有建立在信息基础的信贷决策才更为科学与合理,这是金融机构稳健经营不可缺少的前提条件。但是,金融机构要获取借款人的信息,需要花费一定的信息搜寻与处理成本,为了避免道德风险,也需要花费一定的监督成本。

```
          ┌─────────────────────────────────────┐
          │  ─  →  信息对称性  ─ + ─→           │
  利益     │                                     │   利益
  联结    ─┤  ─  →  声誉的传导替代性  ─ + ─→     ├─ 联结
  松散     │                                     │   紧密
          │  ─  →  自履约的激励性  ─ + ─→       │
          └───────────────┬─────────────────────┘
                          ↓
                   合作社增信能力差异
```

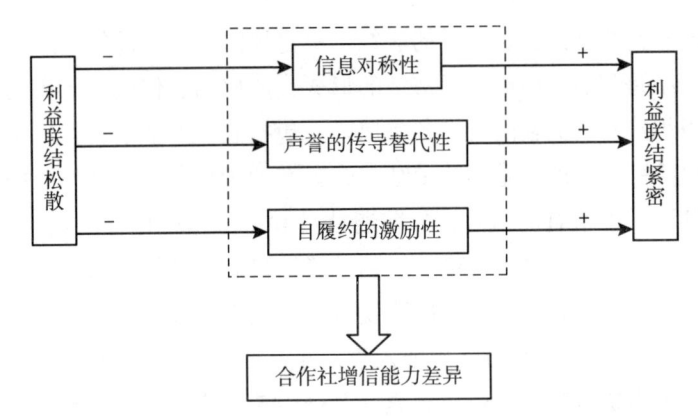

图4-1 利益联结机制对农民合作社增信能力的影响

从完成一笔融资交易活动的流程来看，社员与金融机构之间的信息不对称可分为两类：外生性不对称信息和内生性不对称信息。外生性不对称信息是存在于金融机构与社员融资交易活动以外的，而又对融资交易活动产生重要影响的信息，如社员的人格品行、经济收入状况等。外生性不对称信息的影响主要发生于社员申请正规贷款而未获得前的过程中。内生性不对称信息是存在于金融机构与社员交易活动之中的、对金融机构放贷收益产生重要影响的信息，如社员对贷款资金的使用情况、履约情况等。内生性信息不对称的影响主要发生在社员获得贷款之后、归还贷款之前的过程中。

对于金融机构来说，农民的借贷信息无论是外生性信息还是内生性信息，大多都是不易观察、识别和传递的软信息，金融机构的信息甄别较为困难，加之农民的融资需求规模大多相对较小，因而缺乏开发农民贷款市场的积极性。

农民合作社增信能够成为社员还款能力的有效信号，其基础就是相较于金融机构，农民合作社与其社员之间的信息更为对称。以农民合作社与社员间信息对称为前提条件，农民合作社通过增信方式，增加金融机构关于农民还款能力的信息，降低农民与金融机构之间的信息不对称。但是，不同利益联结机制使得合作社与社员之间的信息对称程度有所差异。

（1）外生性信息对称性的差异。

外生性信息是社员融资行为以外的信息，合作社主要通过与社员的经济合作交往活动获取，而根据上文对不同利益联结机制类型的分析，合作社与社员经济合作交往程度的深浅不同，按照由浅到深可分为生产流程利益联结＞销售过程的利益联结＞产权的利益联结。其中，生产流程利益联结中，技术和信息服务型合作社仅限于信息和技术的交流，社员的融资需求、收入水平等有关贷款前的经济信息在合作交往活动中无法精确体现，因而信息不对称的程度较大。销售买断型合作社通过与社员的合作交往活动锁定了社员的收入水平，信息不对称的程度有所减弱。而生产流程安排型合作社统一安排生产和销售，因而对社员的生产状况和收入水平都有着更进一步的了解。销售合作型与股份合作型合作社通过与社员的合作交往活动，能够观察更多的社员信息，包括社员的品行品质、生产规模、经营风险、收入水平等，因而信息最为对称。

（2）内生性信息对称性的差异。

内生性信息是社员在获得融资后的资金使用安排、归还履约的信息。具体来说，技术和信息服务型和销售买断型合作社都不涉及与社员在具体生产中的合作，因而难以掌握社员的融资使用和归还履约情况。生产流程安排型、销售合作型，以及股份合作型合作社在社员生产上展开深度合作，因而更加有能力识别社员资金的使用和履约。

以上的分析表明，利益联结越紧密的合作社对社员的经济信息掌握越清晰。见表4.1。

表4-1　　不同利益联结机制的表现及对合作社增信能力的影响

	利益联结方式	合作紧密度	合作稳定性	收益共享	风险共担	信息对称	声誉的替代传导	自履约激励
生产过程	技术与信息服务型	松散	不稳定	否	否	不对称	无	无
生产过程	生产流程安排型	一般	稳定	否	否	较对称	一般	有
销售过程	销售买断型	一般	不稳定	否	否	部分	一般	有
销售过程	销售合作型	紧密	稳定	是	部分	较对称	强	强
产权	股份合作型	紧密	稳定	是	是	较对称	强	强

2. 声誉的传导替代性

农民与金融机构之间的信息不对称导致了农民的融资信任度不足，农民合作社为社员传递信息的增信行为，从某种程度上来说是一种对农民个人信誉的传导替代，而决定传导替代程度的是合作社与社员的合作深度。利益联结机制是合作社与社员合作深度的本质体现，利益联结越紧密表明合作社与社员的共荣共辱程度越深，合作社越愿意为社员增信，金融机构对合作社为社员增信行为的信任度越高，因而声誉的传导替代性越强。以此为标准，可以认为在声誉的传导替代性上，生产流程利益联结合作社＜销售流程利益联结合作社＜股份利益联结合作社。

3. 自履约的激励性

声誉机制和关联交易是社员自履约激励机制形成的基础，声誉机制和关联交易对社员造成的违约机会成本损失越大，对社员违约行为的约束力越强，进而对社员自履约的激励性越强。合作社与社员的利益联结越紧密，通过声誉惩罚和关联交易惩罚对社员违约实施惩罚的威慑程度越强，社员自履约的激励性越强。因此，就自履约的激励程度来说，生产流程利益联结合作社＜销售流程利益联结合作社＜股份利益联结合作社。

综上所述，不同利益联结机制下农民合作社为社员融资增信的能力有所差异，即利益联结越紧密的合作社，其为社员融资的增信能力越强。

4.2 基于不同利益联结紧密程度的社员融资影响对比

以农民合作社增信为前提，社员正规融资的结果取决于两个方面，一是合作社自身的增信能力；二是农民合作社意愿为社员的增信水平与金融机构认可的增信水平之间的契合程度。利益联结紧密程度与这两个方面都紧密相关。关于利益联结对合作社增信能力的影响，笔者在上一节已经进行了分析，本部分则着重探讨第二个方面。

4.2.1 理论解释

在不同的增信模式下、不同的利益联结机制下，利益联结紧密程度的差异使得合作社意愿的增信水平不同,同时金融机构认可的增信水平也不同,则必然对社员的融资结果①产生不同影响。但对不同增信模式、不同利益联结机制——划分开来分别探讨的比较过于烦冗,且不具有可操作性。因此,笔者对合作社增信对社员融资影响的分析是建立在相对比较的基础上进行的,即通过相对的利益联结紧密程度的对比展开研究。

1. 利益联结紧密程度与合作社意愿增信水平和金融机构认可的增信水平正向相关

利益联结机制是农民合作社与社员利益联结的紧密程度的反映,也是农民合作社组织共同利益一致性程度的反映。社员与合作社利益联结越紧密,社员个人利益的实现对合作社发展越重要,合作社意愿为其增信的水平越高。社员与合作社利益联结越紧密,合作社对社员信息掌握越充分、对社员履约还款的监督效率越高,金融机构对合作社增信的认可度越高。

2. 成员异质使合作社与不同类型社员的利益联结紧密程度存在差异

对于成员异质的农民合作社来说,利益联结机制也反映出共同利益与社员个体利益的差异性程度。由于异质社员的利益目标是不同的,因而不同类型社员与合作社利益联结紧密程度也是不同的。

(1)要素投入差异是异质社员利益目标差异的来源。

对合作社发展投入要素的差异使得社员间利益目标存在较大差异(林坚,2007;黄胜忠,2008;邵科,2008;崔宝玉,2008)。一些成员为合作社的发展贡献了更多的要素资源,不仅投入了可计量的资金要素,而且投入了目前尚无法准确计量定价的社会资本和人力资本要素,在合作社扮演重要角色,是合作社的核心成员。大多数成员则仅投入了有限的自然资源要素和少量资金要素,更多只是一般参与者的角色,是合作社的普通成员。在投入悬殊的对比下,核心成员的利益目标远大于普通成员。

---

① 农民合作社增信对社员融资结果的影响是多种形式的,如获得与未获得融资、融资规模的大小、融资利率的高低等都可视为一种融资的结果。

(2) 核心社员①对合作社的主导使得其与合作社利益联结更加紧密。

核心社员是合作社发展中关键要素的贡献者，允许核心成员尽可能实现其个人的利益目标，是合作社可持续发展的保证。因此，一些研究学者认为成员异质下农民合作社的产权结构、控制权结构都倾向于核心社员是必然的、合理的选择，这种制度安排是尊重社员要素禀赋和要素贡献差异的有效率的制度设计（黄胜忠，2008；于会娟、韩立民，2013），是一种"帕累托改进"（孔祥智，2010）。显然，在由核心社员主导的异质性合作社中，合作社的收益分配权必然由核心成员所掌握拥有（林坚，2007；孔祥智，2010；徐志龙，2012；于会娟，2013）。这必然造成异质性合作社内部的收益分配制度是不均等的，异质社员与合作社的利益联结紧密程度是存在差异的。通常来说，合作社与核心社员的利益联结更为紧密，而作为普通参与者的社员与合作社利益联结相对松散。

3. 合作社对核心社员的意愿增信水平更高，金融机构认可度更高

异质社员与合作社利益联结的紧密程度是不同的，这必然使合作社对不同类型社员意愿的增信水平不同，金融机构对合作社增信水平的认可程度不同，社员的融资结果的影响不同。

(1) 核心社员与合作社利益联结相对更紧密，两者的利益目标越一致，合作社与社员的共荣共辱程度越深，合作社越愿意为核心社员增信，对核心社员融资结果的正向影响越大。普通社员则相反。

(2) 核心社员与合作社利益联结越紧密，合作社越利用这种利益联结对社员的制约性越强，监督效率越高、监督成本越低，金融机构对合作社增信水平的认可度越高，对核心社员融资结果的正向影响越大。普通社员则相反。

4.2.2 模型推导

笔者在借鉴传统道德风险理论模型的基础上，通过对比不同利益联结紧

---

① 根据笔者的调查和既有的研究显示，一般来说，核心社员大多在合作社中占据重要位置，如理事长、理事会成员、监事会成员等。

密度的合作社意愿增信水平与金融机构认可的增信水平,分析不同利益联结紧密程度对社员正规融资可得性的影响。

1. 参与人行为特征假设

(1) 合作社。

假设存在两家合作社 C_1 与 C_2,它们是两家除利益联结机制不同、其余条件完全相同的农民合作社。其中,合作社 C_1 与社员的利益联结较为紧密,C_2 与社员的利益联结较为松散。现两家合作社须进行农业生产技术改进,由于农业生产活动受到自然不可抗因素的影响,使得这一技术改进活动的结果面临不确定性。

假设两家合作社都存在成员异质现象,为了便于分析,在合作社 C_1 与 C_2 均有 2 名社员,合作社 C_1 的 2 名社员记为 m_1^1 和 m_2^1,合作社 C_2 的 2 名社员记为 m_1^2 和 m_2^2。其中,对合作社 C_1 来说,其与社员 m_1^1 的利益联结较与社员 m_2^1 更加紧密;对合作社 C_2 来说,其与社员 m_1^2 的利益联结较与社员 m_2^2 更加紧密。可假设理解为 m_1^1 和 m_1^2 是理事长,m_2^1 和 m_2^2 是普通社员。社员之间除所属的农民合作社或者与所属合作社的利益联结紧密程度不同之外,其余个人条件均相同。

(2) 技术改进项目。

假设技术改进项目的结果只有两种:"成功"或"失败"。社员个体进行生产技术改进项目的资金需求数额为 L。该项目成功时,社员个体的生产结果为 Y_s;项目失败时,生产结果为 Y_f。显然,$Y_s > Y_f$。

社员进行技术改进时,存在两种生产效率:"努力"或"偷懒"。假设社员的努力水平影响着技术改进项目的期望收益:

当社员努力时,技术改进项目成功的概率为 p^H,则失败的概率为 $1-p^H$。此时,该项目的期望收益为:$E(Y|p^H) = p^H \cdot Y_s + (1-p^H) \cdot Y_f$。

当社员偷懒时,技术改进项目成功的概率为 p^L,失败的概率为 $1-p^L$。此时,该项目的期望收益为:$E(Y|p^H) = p^H \cdot Y_s + (1-p^H) \cdot Y_f$。

需要注意的是,当社员选择偷懒时,虽然降低了项目的期望收益,但获得了私人利益(记为 B)。我们假设,当社员选择努力工作时,不产生私人利益。显然,当实施对社员进行监督控制时,可以减少或降低私人利益。假设社员因偷懒产生的私人利益 B(q) 与投入的监督成本 q 呈线性关系，即 B(q) = B(0) − λq，0 < λ ≤ 1。记 B(0) = B，则 B(q) = B − λq。

(3) 社员与合作社。

假设本模型分析中的所有社员都处于这样一种状态：社员自身没有满足金融机构要求的抵押担保品，同时，自身信用不足以使其得到金融机构的信用贷款；且个人其余的融资条件是同质的。若社员向金融机构申请贷款，为得到贷款批准，则社员均须由合作社为其增信。假设合作社增信的价值由金融机构评估，将其量化为 A。显然，合作社为社员增信水平（即 A 值的大小）对社员能否获得金融机构贷款有重大影响。而合作社若为其社员增信，则必然对其监督。

根据前文的分析，若要对社员进行监督，则存在以下两点：①利益联结松散合作社监督社员需花费的成本大于利益联结紧密合作社监督社员花费的成本。也就是说，利益联结松散合作社的监督效率小于利益联结紧密合作社的监督效率。②同一合作社对与之利益联结松散的社员的监督成本大于与之利益联结紧密的社员的监督成本。也就是说，同一合作社对与之利益联结松散的社员的监督效率小于与之利益联结紧密的社员的监督效率。记监督成本为 q，监督效率为 λ，则 $q_2 > q_1$，$\lambda_2 < \lambda_1$，且同一合作社内部 $q_{12} > q_{11}$，$q_{22} > q_{21}$，$\lambda_{12} < \lambda_{11}$，$\lambda_{22} < \lambda_{21}$。

(4) 社员、合作社、金融机构的合约设计。

假设社员个人进行生产技术改进所需的资金全部由金融机构提供，且所有参与方都能够零成本地观察到生产技术改进项目的产出结果。因此，社员信贷合约设计问题所要讨论的问题可以归纳为社员、合作社、金融机构如何分配可观察的项目产出 $Y_i (i = s, f)$。记社员从项目获取的收益为 m_i，合作社获得是收益为 C_i，金融机构获得的收益为 $B_i = Y_i − m_i − C_i$。

根据以上收益分配的假设，能够达成信贷合约的顺序是：①在农民合作社增信下，金融机构接受社员的融资条件，同意向借贷社员发放规模为 L 的贷款；②农民合作社准备投入 q 数量的监督成本；③项目生产中，社员或选择 P^H 的工作努力水平或选择 P^L 的工作努力水平，且金融机构与合作社不能够直接观察到；④项目生产经营完成后，参与者根据可观察的项目产出水平按照信贷合约分享产出。

2. 理论模型设计与推导①

(1) 理论模型。

以贷款者市场为完全竞争为假设前提，在信贷市场均衡时，对于拥有增信价值为 A 的社员而言，最优的贷款合约（m_i, C_i, B_i）由以下约束条件表示：

$$\max_{m_i, C_i, q} (E(m_i | p^H))$$

s.t.

$$E(B_i | p^H) \geq r \cdot L \qquad 公式（4-1）$$

$$E(C_i | p^H) - q \geq 0 \qquad 公式（4-2）$$

$$E(m_i | p^H) \geq E(m_i | p^L) + B(q) \qquad 公式（4-3）$$

$$E(C_i | p^H) - q \geq E(C_i | p^L) \qquad 公式（4-4）$$

$$B_f \leq A \qquad 公式（4-5）$$

上述的约束条件中，约束条件公式（4-1）表示金融机构参与合作社增信的社员融资活动的约束条件，即金融机构参与所获得的期望收益不能小于 L 数量贷款资金的机会成本。约束条件公式（4-2）表示合作社参与该融资交易的参与约束，即合作社对来自项目贷款的期望收益至少要大于或等于对社员实施监督所花费的成本 q。约束条件公式（4-3）表示社员的激励相容条件，即选择努力的收益至少大于或等于选择偷懒下的期望收益与所获私人利益之和，这样社员才有充分的激励选择努力工作。约束条件公式（4-4）是合作社参与交易的激励相容条件，其表示合作社对社员监督后的期望收益须大于或等于不实施监督下的期望收益，这样合作社对社员进行监督的激励。约束条件公式（4-5）表示，在项目失败时，金融机构获得的收益最大为增信的价值 A，即金融机构在该交易中获得补偿不能超过增信价值 A。

(2) 理论模型推导。

由公式（4-1）得，

$$E(m_i | p^H) + E(C_i | p^H) \leq E(Y | p^H) - r \cdot L \qquad 公式（4-6）$$

由公式（4-2）得，

$$p^H \cdot C_s + (1 - p^H) \cdot C_f \geq q \qquad 公式（4-7）$$

---

① 详细的推导过程见附录一。

由公式（4-3）得，

$$m_s - m_f \geq \frac{B(q)}{\Delta p} \qquad 公式（4-8）$$

由公式（4-4）得，

$$C_s - C_f \geq \frac{q}{\Delta p} \qquad 公式（4-9）$$

由公式（4-5）得，

$$m_f + C_f \geq -A \qquad 公式（4-10）$$

进一步地，由公式（4-7）和公式（4-9），得到，

$$C_s = q + (1 - p^H) \cdot \frac{q}{\Delta p} \qquad 公式（4-11）$$

$$C_f = q - p^H \cdot \frac{q}{\Delta p} \qquad 公式（4-12）$$

由公式（4-10）和公式（4-11），得到，

$$m_f = -A - q + p^H \cdot \frac{q}{\Delta p} \qquad 公式（4-13）$$

由公式（4-8）和公式（4-13），得到，

$$m_s = -A - q + p^H \cdot \frac{q}{\Delta p + \frac{B(q)}{\Delta p}} \qquad 公式（4-14）$$

由公式（4-11）、公式（4-12）、公式（4-13）、公式（4-14）分别代入
$E(m_i | p^H) = p^H \cdot m_s + (1 - p^H) \cdot m_f$ 和 $E(C_i | p^H) = p^H \cdot C_s + (1 - p^H) \cdot C_f$，得，

$$E(C_i | p^H) = q \qquad 公式（4-15）$$

$$E(m_i | p^H) = p^H \cdot \frac{B(q)}{\Delta p + p^H} \cdot \frac{q}{\Delta p - A - q} \qquad 公式（4-16）$$

若将公式（4-6）式取等号，则左边达到最大值，也满足了 $E(m_i | p^H)$ 得到最大值，最终，将公式（4-15）和公式（4-16）代入取等号的公式（4-6）得

$$A = -E(Y | p^H) + r \cdot L + \frac{p^H}{\Delta p \cdot [B(q) + q]} \qquad 公式（4-17）$$

进一步化简公式（4-17），得

$$A = -E(Y|p^H) + r \cdot L + \frac{B}{(1-\beta) + \frac{(1-\lambda)}{(1-\beta) \cdot q}} \qquad 公式（4-18）$$

$$令 \phi = -E(Y|p^H) + r \cdot L + \frac{B}{(1-\beta)}，其中，\beta = \frac{p^L}{p^H}$$

因此，

$$A = \phi + \frac{(1-\lambda)}{(1-\beta) \cdot q} \qquad 公式（4-19）$$

此为社员获得贷款时，银行对增信水平的要求。

3. 模型结论及分析

（1）比较不同合作社的社员。

为便于分析说明，假设不同合作社社员之间的比较在 m_1^1 和 m_1^2 之间进行。

合作社 C_1 的利益联结比合作社 C_2 的利益联结紧密，则有 C_1 对社员 m_1^1 的监督成本小于 C_2 对社员 m_1^2 的监督成本，即 $q_2 > q_1$。根据公式（4-19），则有

$$A_2 - A_1 = \frac{(1-\lambda)}{(1-\beta) \cdot (q_2 - q_1)} > 0$$

因此，

$$A_2 > A_1 \qquad 公式（4-20）$$

这表明若要帮助社员获得贷款，银行要求利益联结松散的合作社 C_2 提供的增信水平要大于利益联结紧密的合作社 C_1 提供的增信水平。

然而，由于利益联结紧密型合作社与其社员的利益联结较为紧密，利益联结紧密合作社的社员项目收益对合作社收益的影响大于利益联结松散合作社社员项目收益对其的影响。在本模型假设中，也就是说，合作社 C_1 与社员 m_1^1 的利益更加相关。因此，对于合作社愿意为社员提供的增信水平来说，存在 $A_2' < A_1'$，即利益联结松散的合作社 C_2 愿意为社员 m_1^2 提供的增信水平要小于利益联结紧密的合作社 C_1 愿意为社员 m_1^1 提供的增信水平。

结合公式（4-20），可以得出这样一个结论：相对于利益联结松散型合作社社员来说，利益联结紧密型合作社社员的融资可得性更大一些。

（2）比较同一合作社内的社员。

为了便于分析，假设比较合作社 C_1 的两名社员 m_1^1 和 m_2^1。

合作社与社员 m_1^1 的利益联结要比与社员 m_2^1 的利益联结更为紧密，则有合作社对社员 m_1^1 的监督成本 q_{11} 要小于对社员 m_2^1 的监督成本 q_{12}，即 $q_{11} < q_{12}$。根据公式（4-19），则有

$$A_2^1 - A_1^1 = \frac{(1-\lambda)}{(1-\beta) \cdot (q_{12} - q_{11})} > 0$$

因此，

$$A_2^1 > A_1^1 \qquad 公式（4-21）$$

这表明若要帮助社员获得贷款，银行要求合作社 C_1 为与之利益联结较松散的社员 m_2^1 提供的增信水平要大于为与之利益联结较紧密的社员 m_1^1 提供的增信水平。

然而，利益联结紧密的社员项目收益对合作社 C_1 收益的影响更大。在本模型假设中，也就是说，合作社 C_1 与社员 m_1^1 的利益更加相关。因此，对于合作社愿意为社员提供的增信水平来说，存在 $A'_{12} < A'_{11}$，即合作社 C_1 愿意为与之利益联结较松散的社员 m_2^1 提供的增信水平要小于为与之利益联结紧密的社员 m_1^1 提供的增信水平。

结合公式（4-21），可以得出这样一个结论：相对于与合作社利益联结松散的社员来说，与合作社利益联结紧密的社员的融资可得性更大一些。

综上所述，无论是在不同合作社之间，还是在同一合作社内，利益联结紧密都更加有利于社员获得金融机构的正规融资。

本章从利益联结的视角，探讨了农民合作社增信的差异，主要得到以下三点结论：

（1）利益联结机制反映的是农民合作社与社员利益联结的紧密程度。按照利益实现流程，农民合作社分为生产流程利益联结合作社、销售流程利益联结合作社、股份利益联结合作社。这三类利益联结机制反映的社员与合作社利益联结紧密度依次增加。

（2）农民合作社增信能力与利益联结紧密程度呈正相关关系。通过对三类不同利益联结机制合作社的分析发现，农民合作社与社员利益联结越紧密，农民合作社增信的能力越强。

（3）农民合作社增信对社员获得正规融资的促进效果在利益联结紧密时更显著。通过对比分析，与社员利益联结相对紧密的农民合作社，为社员增信的意愿更高，金融机构的认可度更大，更加有利于社员获得正规融资。

第 5 章
农民合作社增信能力的评估：
基于五省调研样本

前文中对农民合作社为社员增信机制的阐释表明了农民合作社组织形式具有缓解农民正规融资约束的有利条件，即农民合作社具有信息及信息成本优势、组织的个人信誉强化优势、社会资本的抵押担保替代优势三大优势。农民合作社能够利用这些优势传递社员融资信息、发出社员融资信号，并在社员获得贷款后通过声誉机制的重复博弈和关联博弈形式对其违约的制约，并能够有效监督其履约行为，最终实现增加社员信用水平的效果。但增信的三类运作模式表明农民合作社为社员增信的力度存在差异，即转贷模式的增信力度＞承担连带还款责任模式的增信力度＞不承担连带还款责任模式的增信力度。利益联结机制是农民合作社增信能力存在差异的关键原因，也是农民合作社选择采取何种增信模式的关键原因。

农民合作社增信得以在实践中运用，或者说，增信作用能够得以发挥，有赖于金融机构与农民合作社的合作关系。而金融机构对农民合作社增信能力的评估是双方建立合作关系的核心要件。实践中，金融机构如何评估农民合作社的增信能力？农民合作社增信能力的差异如何区分？金融机构如何在众多农民合作社中选择合适的成为中介？选择的标准是什么？为解决上述问题，本章围绕农民合作社的增信能力评估展开分析，主要利用对皖、鲁、浙、黑、川五省的实地调研数据，在构建农民合作社增信影响力指标体系的基础上，对样本农民合作社增信能力进行了量化。

5.1 调研设计与说明

5.1.1 调研设计

本次调研是课题组于 2014 年 6～9 月对全国五个省份（皖、鲁、浙、黑、川）进行的实地调研，在选择调研样本时，课题组主要基于六点考虑而进行的抽样。

（1）我国合作经济发展水平存在地域差异，课题组决定以合作经济发展较为发达的省份作为考察对象。只有合作经济"原始功能"（提高农业生产组织化程度）发展较好的地区，才能够谈及合作经济"衍生功能"（为社员正规融资增信）发挥。

（2）对合作经济发展较为发达的省份按人均收入进行排序，同时考虑课题组的实际，按经济收入水平高、中、低三个等级最终确定调研省份。经济发展决定金融发展，金融发展也反过来制约经济发展，对不同经济发展水平省份的考察，有助于全面考察我国农民合作社社员融资的总体概况。

（3）鉴于同一省份也存在经济发展水平的差异，对合作社社员融资也产生一定影响。以人均收入为基准，对每个样本省份随机抽取两座城市（其中，山东省实际只调查了一个市），每个市随机抽取 9～18 家合作社。

（4）由于调研前课题组也无法确定社员是否具有融资需求，为获得社员融资的真实状况和农民合作社对其融资的真实影响，课题组采取随机入户访谈的方式。问卷最终形成两种可能的结果，即社员有融资需求和社员无融资需求，因此每一合作社有融资需求的社员数量并不均等。

（5）为具体了解合作社的概况，课题组对每家合作社均完成 1 份合作社问卷、1 份理事长问卷，共获得 123 家合作社问卷和 123 份理事长问卷。

（6）金融供给也对社员融资产生重要影响。课题组与每一样本调研城市的主要农村金融机构和政府进行了座谈，获取当地金融供给的相关状况。

课题组调查总合作社样本数量为 123 家，总社员样本数量为 574 户，其中，随机抽取到有融资需求的合作社社员数量为338户，占总社员样本数量的58.9%，分属于69家农民合作社（见表5-1）。

表5-1　　　　　　　　　调研样本基本情况统计

省份	市	合作社数量（家）	社员数量（户）	有融资需求社员的合作社数量（家）	有融资需求的社员数量（户）
浙江	湖州	12	73	11	44
	台州	11	83	10	39
安徽	淮北	11	9	2	7
	宿州	14	43	3	21
山东	临沂	18	193	17	113
四川	成都	15	56	7	35
	乐山	17	59	7	34
黑龙江	哈尔滨	9	19	1	15
	牡丹江	16	39	11	30
合计		123	574	69	338

在此需要说明的是，由于本课题研究是在相关政府部门牵头下完成的，可能出于"展示"的动机，在初步调研统计中课题组发现，发展较为"优秀"的样本合作社所占比例较高，如以示范社为衡量标准，123家合作社样本中有73家合作社被评定为各级示范社称号，占比将近达到60%。课题组认为，这种选样虽然在一定程度上形成对合作社分析状况高于部分现实的情况，但是通过对"优秀"合作社样本的考察，可以拥有更多的"素材"研究合作社对农民正规融资可获得性的影响，为农民合作社提高农民正规融资可获得性提供可借鉴的参考；同时，由于各省份间存在差异，不同省份间"优秀"合作社的样本集合，依然不失为全国范围内处于不同发展阶段的合作社的随机抽取，是具有可比性的。

5.1.2　数据收集

为了能够对社员正规融资的情况进行全面了解，课题组向农民合作社、社员、当地金融机构、政府相关部门等了解相关内容。课题组采取"入户调查+座谈"方式展开调研工作，针对农民合作社和社员分别设计合作社问卷、社员问卷，进行入户问卷调查以掌握相关数据，对当地金融机构和政府相关部门举行座谈以了解有关信息。调研的流程如下。

（1）到达样本所在地区，课题组先与当地农村经济管理站及政府相关人员进行座谈，了解当地的农业发展状况，包括主导农业产业的发展、农民合作社的总体运营、监管及支持的相关政策等，以期对当地农民合作社的发展及所在经济环境大致了解。

（2）对抽样合作社进行实地调研，主要与合作社理事长进行沟通，完成合作社问卷和理事长问卷。其中，合作社问卷对合作社的产权结构、组织结构、运营及治理机制等信息进行收集，理事长问卷对理事长个人的经济水平、社会关系网络、融资状况，以及对合作社经营的理解进行信息收集。

（3）对样本合作社社员进行随机抽样入户访谈。在了解其所在合作社基本状况后，充分调查社员的家庭经济状况、参与合作社的状况、资金需求状况及需求满足状况。

调研共访谈了126家农民合作社，其中，3家农民合作社由于理事长不在调研现场，因此视为无效问卷，因此共获得123份有效合作社问卷。在对社员的入户调研中，课题组成员与社员面对面访谈，由课题组成员口头提问、社员口头回答的方式进行，由于涉及一些社员经济收入、资金借贷的一些敏感问题，在提问时，课题组设计间接性提问以求取真实状况，同时利用问卷前后的验证性题项，进一步确认和分辨数据的准确性和问卷的有效性。问卷回收后，经过筛选，最终获得有效农户问卷574份，有效率为99.1%。

需要说明的是，本次随机抽样的入户访问形成的样本具有4个特点：①不是所有被访问到的社员都有融资需求。574名社员中表示有融资需求的有338名；②不是每一家合作社都存在被访问到的有融资需求的社员。338名社员分属于69家合作社；③未访问到有融资需求社员的合作社并不表示该合作社所有社员都没有融资需求，只是代表本次抽样的结果；④对于个人以抵押/担保方式获得正规贷款的社员均已被剔除在样本之外。

5.2 农民合作社样本的统计描述

对农民合作社样本的统计描述是评估农民合作社增信能力的基础。通过整理实地调研的资料数据,有助于了解各地农民合作社的发展背景、发展模式、发展水平等,有利于梳理影响农民合作社增信能力的相关因素,是评估农民合作社增信能力的前提。

5.2.1 地区性因素的统计描述

1. 地区经济与金融发展的差异

区域宏观经济与金融的发展状况对地区市场经济的各个参与主体的行为都将产生一定的影响。根据已有学者们展开的对农民融资行为的研究,地域差异是影响农民融资获得的重要影响因素(叶敬忠,2004;霍学喜等,2005;熊学萍,2007;周崇安,2010;钟春平等,2011;顾宁等,2012)。五省区的经济发展状况如下几点。

(1)人均收入水平差异。

反映经济发展水平的指标很多,由于本书是对农民主体的考察,选取农村居民人均纯收入为代表性反映指标。从收入水平的绝对数额来看,浙江省为16106元、安徽省为8098元、山东省为10620元、四川省为8803元、黑龙江省为9634.1元,五省的农村居民的人均纯收入呈现阶梯形差异,浙江省>山东省>黑龙江省>四川省>安徽省。

(2)农业产业规模不同。

本书选取2013年各省农业GDP产值反映农村产业规模的差异。从农业GDP的产值来看,浙江省为1784.62亿元、安徽省为2348.09亿元、山东省为4742.63亿元、四川省为3425.61亿元、黑龙江省为2516.79亿元。各省的农业产业规模差异较大,主要与各省的产业结构特征有关,山东省、四川省、安徽省是以农业经济产业为主的省份,浙江省是以非农经济产业为主的省份,黑龙江省是农业产业和非农业产业并存主导的省份。各省的农业产业规模排名为山东省>四川省>黑龙江省>安徽省>浙江省。

(3) 金融支农的力度不同。

各省金融对农村经济发展的支持力度存在差异,这在一定程度上反映了农村地区整体的融资可得性。这里选取各省全辖金融机构涉农贷款余额为反映指标,就这一指标数值来看,浙江省为10700亿元、安徽省为6297.67亿元、山东省为19191.3亿元、四川省为10716.69亿元、黑龙江省为3909.3亿元,山东省>四川省>浙江省>安徽省>黑龙江省。结合农业产业规模指标来看,浙江省的农业产业规模最小,但支农力度较大的,因而,可能浙江省农村地区经济主体获得融资相对更加容易一些。但浙江省农民的融资可得性如何需要进一步的分析。

(4) 农村地区金融深化度不同。

各省份在农村居民收入水平、农业产业规模、金融支农的力度各指标的相对排名是不同的,仅以绝对指标值并不能够辨析农民正规融资可得性的地区差异。因此,需要设计一个新的反映指标。农村地区金融深化度在一定程度上反映了农村地区获得金融支持的程度,此处作为反映一般意义上农民正规融资获得情况差异的代表性指标。从这一指标值来看,浙江省为6.00、安徽省为2.68、山东省为4.05、四川省为3.13、黑龙江省为1.55,浙江省>山东省>四川省>安徽省>黑龙江省。

需要说明的是,对于样本农民合作社及农民所处地域的考察更合适的指标是县域的各类经济指标,但是由于在调研中,课题组未获得完整的县域数据指标,此处则以省域数据指标代替。不足之处有待日后完善。见表5-2。

表5-2　　　　　样本省份地区2013年经济金融指标统计

指标	浙江	安徽	山东	四川	黑龙江
农村居民人均纯收入（元）	16106.00	8098.00	10620.00	8803.00	9634.10
农业GDP（亿元）	1784.62	2348.09	4742.63	3425.61	2516.79
涉农贷款余额（亿元）	10700.00	6297.67	19191.30	10716.69	3909.30
农村地区金融深化度	6.00	2.68	4.05	3.13	1.55

注：农村金融深化度 = $\frac{2013 年末各省涉农贷款余额}{2013 年各省农业 GDP}$。

资料来源：中国人民银行网站（http://www.pbc.gov.cn）中各省区域金融运行报告,以及各省2013年国民经济和社会发展统计公报。

2. 地区合作社发展状况差异

不同省区农民合作社的发展模式和状况也存在一定的差异，进而社员的融资需求也存在差异。课题组对各省区农民合作社总体发展状况进行分析，浙江省和四川省的样本合作社的差异较为明显。

（1）浙江省样本合作社的发展规模普遍较小。

以平均注册资金、平均社员数量、平均固定资产规模为样本农民合作社规模的反应性指标，统计数据见表5-3。五省样本合作社的平均注册资金规模为290.80万元，平均社员人数为197人，平均固定资产投资规模为594.38万元。从个样本省份的分布差异来看，浙江省农民合作社的平均注册资金为125.05万元、平均社员人数为133.46人、平均固定资产规模为202.63万元，均是五省样本合作社中规模最小的。而山东省样本合作社的平均注册资金最大，为396.70万元；安徽省样本合作社的平均社员数量最多，为283.83人；黑龙江省的平均固定资产规模最大，为594.38万元。

表5-3　　　　　　　　五省样本合作社基本发展状况

样本	平均注册资金（万元）	平均社员数量（人）	平均固定资产规模（万元）
总体	290.80	197.00	458.96
浙江	125.05	133.46	202.63
安徽	355.33	283.83	585.33
山东	396.70	200.48	487.69
四川	236.27	160.33	572.88
黑龙江	275.17	225.27	594.38

引起课题组关注的是，浙江省作为合作经济发展全国领先的省份，其样本合作社的规模却是五省份中最小的。其原因何在？课题组经过讨论，对问卷调查员进行的访谈感受进行了总结，在与浙江省农民合作合作社社员、特别是核心社员的访谈中感受，其发展意识较为强烈，许多有实力的农民更愿意自己组建合作社、而不是参与合作社。本书认为这是造成其合作社发展规模普遍较小的主要原因。而其他省份的许多农民更愿意依附合作社来改善生产状况，表示参与合作社的主要目的是获取进入市场的渠道，实现帕累托改进，因而而非帕累托最优。

(2) 四川省崇州地区样本合作社社员大多没有融资需求。

在对五省样本合作社的实地调研中，课题组发现，四川崇州地区的土地股份合作社的发展模式与其他地区合作社有所不同，进而社员的融资需求普遍较少，是与其他省份存在较大差异的，主要表现在三个方面：①合作社财产所有权与经营管理权分离。农民以土地入股，共享合作社所有权，但理事长由合作社外聘职业经理人专职担任，负责合作社的生产运营。②按要素贡献分配收益。具体来说，职业经理人凭贡献人力资本要素获取一定比例收益；其余社员凭入股土地获取一定比例收益。③生产由合作社统一安排。生产过程中的一切支出由合作社统一支付，社员个人不存在生产投入成本问题。

在这类土地股份合作社的发展中，由于所有普通成员均以土地要素入股，核心成员以人力和社会资本要素入股，因此，主要的资金需求压力来自于合作社自身。为了解决这一资金需求难题，该类合作社主要通过以债权形式向成员筹集资金，即根据生产的资金需求量对入股土地按比例募集资金，社员按照入社土地的数量。根据课题组的调查访谈，一般来说，合作社规定社员按照入股土地亩数，大春每亩出资 700 元左右，小春每亩出资 300 元左右，同时强制性规定在社员出资不能满足需要时由职业经理人出借资金，并对所有资金按月支付利息。待销售完成，清算本息。在这种运作模式下，合作社成功地解决了对资金要素的需求。但是由于社员并不投入生产成本，因而大多数的社员不存在生产性的融资需求。见图 5－1。

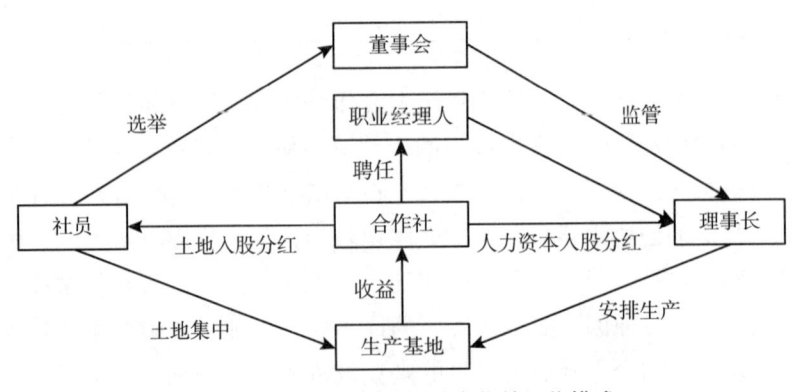

图 5－1　四川省土地股份合作社运作模式

5.2.2 合作社自身发展性因素的统计描述

1. 合作社的运行特征

（1）合作社发展不平均，发展规模差异较大。

注册资金、固定资产和社员人数是反映样本合作社运作规模的一系列指标。从指标的平均值来看，样本合作社的平均注册资金规模为 290.80 万元（高于全国农民合作社的平均值①）、平均固定资产规模 458.96 万元、平均社员人数为 197 人。见表 5-4。

表 5-4　　　　　　　　　样本合作社基本信息统计

基本信息指标	平均值	最小值	最大值
注册资金（万元）	290.80	0	3000
社员人数（人）	197.00	5	2000
固定资产规模（万元）	458.96	0	4000
运营时间	1 年以下 58.89%	1~5 年 27.78%	5 年以上 13.33%
注资方式	现金 78.35%	土地 42.27%	农机具 7.22%	其他 16.49%
收入水平	[0, 100] 37.8%	(100, 500] 22.0%	(500, 1000] 15.9%	(1000, ∞) 24.4%

注：注册资金和注资方式以合作社在工商管理局登记的数字为准，而社员人数、固定资产规模、运营时间的数值为截至 2013 年末的数据，收入水平是指合作社 2013 年年度数据。

从指标的最大值、最小值来看，注册资金规模、人数规模、固定资产规模均存在较大的差距，这在一定程度上反映了农民合作社发展水平的参差不

---

① 根据全国工商行政管理总局网站（http：//www.saic.gov.cn）公布《2014 年度全国市场主体发展、工商行政管理市场监管和消费维权有关情况》中的数据，全国农民合作社共 128.88 万户，出资总额 2.73 万亿元。由此计算而得全国农民合作社的平均注资规模为 211.82 万元。

齐。对于尚处在初级发展阶段的我国农民合作社来说，这种现象的存在具有一定的合理性。

(2) 大多数样本合作社运营时间不长。

合作社运营时间能够在一定程度上反映出合作社经营的稳定性、社会影响的力度。从调研的样本来看，只有13.33%的农民合作社运作时间超过5年，而运作时间在1年以下的占比达58.89%。较短的运营时间无法反映合作社发展的可持续水平。

课题组在调研中发现，运营时间较短的农民合作社并不一定不稳定，也不必然说明其在当地的社会影响较小。许多农民合作社在运营之前，理事长或核心成员大多已经营合作社相同的农业产业多年，其销售渠道、社会影响都是有一定的积累。但合作社是一个农民组建的经济组织，合作社运营时间短，对合作社内部的组织结构是否合理、成员合作是否稳定会产生一定的影响。

(3) 合作社规模不大。

利润水平是一个较为敏感的话题，课题组在调研中难以获得全部样本农民合作社利润的准确数据。合作社的营业收入包含了合作社的运作成本和利润，本书以其作为其盈利水平的替代性指标。从统计数据来看，将近60%的合作社营业收入在500万元以下，500万元以上营业收入的样本合作社数量占比为40.3%。这表明超过一半的样本农民合作社的产业规模是属于小微企业范畴的，合作社的发展需要进一步提高。

2. 合作社产权特征

(1) 股权集中度较高。

通过统计样本合作社前十大股东的股份占合作社全部股份的比重表示。统计数据表明，84.1%数量的样本合作社前十大股东的股份占比超过总股份的75%以上，其余15.9%数量的样本合作社前十大股东的股份占比小于75%，表明大多数样本合作社的前十大股东掌握了合作社的大部分股权，股权集中程度较高。见表5-5。

表 5-5　　　　　　　　　样本合作社股权分布特征　　　　　　单位：%

股份占比区间	[0, 25]	(25, 50]	(50, 75]	(75, 100]
合作社前十大股东股份占比的分布	3.2	7.9	4.8	84.1
合作社第一大股东股份占比的分布	27.5	24.6	15.9	31.9
理事长股份占比	平均值	最小值	最大值	
	47.89	0	100	
核心社员占理事会成员比例	[0, 50]	(50, 75]	(75, 100]	
	13.9	5.6	80.6	

注：合作社前十大股东股份占比的分布是指前十大股东股份占比在某区间的合作社占样本合作社的比重；合作社第一大股东股份占比的分布是指第一大股东股份占比在某区间的合作社占样本合作社的比重。核心社员主要是指合作社的发起人、理事长、理事会/监事会成员、前十大股东。

（2）股东之间股权差异度较高。

股权集中度反映的是股东与非股东的差异，但仅以此反映合作社社员身份的差异是不足够的，大股东与小股东也是社员身份差异的另一重要反映，本书以第一大股东股份占比在某区间的合作社占样本合作社的比重表示。统计数据表明，31.9%的样本合作社中，第一大股东股份占合作社全部股份比例的75%以上；15.9%的样本合作社中，第一大股东股份占合作社全部股份比例的50%~75%；24.6%的样本合作社中，第一大股东股份占合作社全部股份比例的25%~50%；27.5%的样本合作社中，第一大股东股份占合作社全部股份比例的25%以内。结合前十大股东总股份占比，可以推知，即使是前十大股东之间，其股权的差异也是较大的。

（3）理事会构成体现股权差异。

理事会是合作社日常经营管理的决策机构，也是生产的管理执行机构。80.6%的样本合作社核心社员占据理事会成员比例在75%以上，5.6%的样本合作社核心社员占据理事会成员比例在50%~75%，13.9%的样本合作社核心社员占据理事会成员比例在50%以下。这表明在股权是资产化产权结构表现的前提下，合作社剩余控制权成为股权差异的特征体现之一。

5.2.3　合作社与社员利益联结因素的统计描述

1. 产品销售是合作社与社员最主要的利益联结

在合作社调研问卷中，课题组设计了农民合作社为社员提供的服务选项，主要包括：为社员提供信息、技术支持服务、统一购买生产资料服务、产品加工/贮藏服务、产品运输服务、产品销售服务等。其中，信息技术支持服务是一种较为松散的利益联结方式，统一购买生产资料是合作社生产过程的利益联结方式，产品销售服务是合作社为社员提供对接市场的服务，产品加工/贮藏、产品运输是合作社在生产过程之后、对接市场之前提供的服务。每一样本合作社提供服务的种类是不同的。

根据调研的整理数据来看，合作社为社员提供最多的服务是产品销售服务，一定程度上也反映了这也可能是社员加入合作社，最为看重的服务，即获得市场进入的改进。见表5-6。

表5-6　　　　　　　样本合作社与社员的利益联结反映　　　　　　　单位：%

提供的服务	技术信息服务	提供生产资料	产品加工/贮藏	产品运输	产品销售
	67.01	58.76	28.87	24.74	73.20
组建方式	农民自发	能人/大户领办	企业	村委会	政府部门
	0	59.79	20.62	14.43	6.18
利益分配方式	按股份分配为主			按交易量分配为主	
	61.20			21.41	

2. 能人/大户领办是组建合作社的最主要模式

课题组将合作社组建方式分为农民自发组建、能人/大户领办、企业领办、村委会领办、政府部门牵头组建等五种主要方式。不同的组建方式，合作社的运行模式、社会资源获取等是存在差异的。

统计数据表明，样本中没有存在农民自发组建的合作社，能人/大户领办的样本合作社数量占比为 59.79%，以村委会为依托组建的样本合作社数量占比为 14.43%，由政府相关部门牵头组建的样本合作社数量占比为 6.18%。这表明，农村能人/大户是对合作社发展贡献最大的一股力量，是推动农民合作社发展的重要因素，同时这也说明个人因素在合作社的主导力量。

3. 按股份分配是合作社利益分配的主要方式

样本合作社的利益分配方式主要包括按股份分配为主（包括仅按股份分配的方式）、按交易量分配为主（包括仅按交易量分配的方式）两大类分配方式。其中，按股份分配为主方式的样本合作社数量占比为 61.20%，按交易量分配为主方式的样本合作社数量占比为 21.41%；此外，剩余 17.39% 的样本合作社没有分配过利益。这与合作社倾向于资本化的产权结构相对应，也是产权结构资本化的必然结果。

5.2.4　合作社声誉因素的统计描述

理事长是合作社的灵魂人物，对合作社的发展甚至发挥决定性作用，同时也是合作社对外进行各类经济活动的代表人物之一。因此，理事长的状况是与本研究密切相关的内容之一，本书只探讨与合作社发展相关的理事长个人信息。本书选取理事长的学历和社会身份作为反映指标[①]。此外，合作社的社会影响是本书研究的重要内容。

1. 大多数理事长具有专业的学历背景

课题组对样本合作社理事长的学历进行了统计，在高中以上的占比为 74.74%，其中，大专及大专以上学历的理事长占比为 35.79%。这表明大多数合作社理事长具有专业的学历背景。见表 5-7。

---

①　理事长状况对合作社产生影响的指标很多，由于调研数据的可获性，本书仅以这两个指标作为代表，存在的不足，有待日后完善。

表 5-7　　　　　　　样本合作社社会影响与理事长特征　　　　　　单位：%

理事长学历	小学及以下	初中	高中/中专	大专及以上
	4.21	21.05	38.95	35.79
理事长身份	技术人员	基层组织干部	政治荣誉	无
	37.11	21.65	46.39	12.37
是否示范社	示范社		非示范社	
	68.82		31.18	
政府扶持	受到扶持		没有受过扶持	
	70.97		29.03	

注：政治荣誉是指党员、劳模、人大代表、政协委员等。

2. 大多数理事长具有一定的社会身份

课题组将理事长的社会身份分为技术人员、基层组织干部、党员、劳模、人大代表、政协委员等，其中，党员、劳模、人大代表、政协委员被视为理事长拥有的政治荣誉。技术人员身份更多代表具有市场和技术方面的社会资本；基层组织干部身份更多代表政治联系的社会资本；而政治荣誉既是理事长凭借政治联系获取社会资源的能力。本书认为这是理事长社会资本的一个重要指标反映，每一样本合作社的理事长可能具有多重的社会身份。统计数据表明，仅有 12.37% 的样本合作社理事长没有社会身份。

3. 大多数合作社具有一定的社会影响

社会影响是无形、难以直接获取的；且能够反映合作社社会影响的指标也较多，各省之间也存在统计口径的难题。因此，课题组仅以合作社是否受到过政府扶持、是否获得过"示范社"称号作为反映合作社社会影响的替代性指标。

统计数据表明，68.82% 的样本合作社具有示范社称号，70.97% 的合作社受到过政府相关部门的各种扶持，这些都是合作社与政府相关部门的政治联系，是合作社社会影响某种程度上的体现。

5.2.5 样本合作社发展状况小结

通过以上对样本合作社发展状况的统计描述，可以得到以下几点。

1. 合作社发展地域间差异较大

首先是经济发展水平的差异。从人均收入水平来看，浙江省和山东省的农民是经济收入较为富有的省份。安徽、山东、四川、黑龙江同为农业大省，但农业产业规模上也存在差异，山东省和四川省的农业产业规模更大一些。涉农贷款在一定程度上能够反映出金融对县域经济发展的支持状况，从样本统计来看，作为农业大省的山东省和四川省对县域经济的支持水平较高，值得注意的是浙江省作为样本省份中农业产业规模最小的省份，对县域经济的发展支持力度也较高。结合农业 GDP 和涉农贷款余额指标，各省农村地区金融深化度存在较大差异，农业产业规模最小的浙江省农村地区金融深化度最高，农业产业规模较大的山东省和四川省农村地区金融深化度也较高，而同为农业大省的安徽省与黑龙江省农村地区金融深化度较低。

地域间农民合作社的发展状况也有较大的差异。作为合作经济发展水平较为领先的浙江省，样本农民合作社的平均发展规模（注册资金、社员数量、固定资产规模）较其他省份小。四川省样本合作社多以土地入股、生产销售统一管理的合作方式使得大多数社员没有生产性的融资需求。

2. 合作社间与合作社内部的异质性均较为显著

合作社运行状况从平均水平来看，样本合作社的运营时间都不长，大都在 5 年以下；以现金注资的组建方式为主，其次是土地注资方式；合作社年营业收入大多在 500 万元以下，属于小微企业规模运作。从运行的差异性来看，样本合作社在注册资金、社员规模、固定资产规模方面的差异性较为显著。

样本合作社成员结构异质性较为显著，首先表现为合作社的产权集中度较高，绝大多数的产权由少数股东掌握；其次是股东的股份差异也较大，即使是少数掌握股份的股东，其拥有的股份差异也较大；此外合作社的运作大多由合作社的发起人或股东管理。

3. 合作社与社员的利益联结较为松散

能人/大户领办是样本合作社组建的最主要模式，产品销售是合作社与社员间最主要的合作方式，这表明合作社与社员间的利益联结大多以销售过程的利益联结为主，而样本合作社以按股份分配收益的利益分配方式表明其与社员更多是一种销售买断型的合作，利益联结较为松散。合作社的主要收益主要由少数入股的社员分享，普通社员主要获取了进入市场的权利和销售渠道，并没有享受到农业生产组织化程度提高带来的市场竞争力增强、规模经济的收益。

4. 声誉对合作社的发展影响较为重要

调研数据表明，大多数样本合作社的理事长拥有相对普通社员较高的学历背景，且具有各类享有一定社会认可的身份，如技术人员、基层组织干部、党员、劳模、人大代表、政协委员等，根据我们在调查访谈中的了解，理事长的能力和声誉对作为小微型企业的农民合作社的发展发挥了较为重要的作用。同时，根据对调研资料的分析，能够获得政府相关部门扶持和评优的合作社大多较为注重经济效益的实现，以及对当地的社会口碑。

5.3 合作社增信能力评估的实践运用

笔者在田野调查中发现，金融机构对农民合作社增信能力的评判主要来自于两个方面，一是掌握的信息水平；二是对农民合作社经济利益的掌控。前者是金融机构对农民合作社增信能力了解的基础，后者是金融机构对农民合作社增信能力评判的重要标准。

金融机构对农民合作社增信能力评估是通过其相关信息为基础。金融机构掌握合作社的信息越多，其对合作社增信能力的评估越准确。由于我国的农民合作社发展还处于初级阶段，相当一部分合作社的产权结构与治理结构都不够规范，加之合作社所从事产业大多与农业相关。因此，金融机构对农民合作社资产规模难以按传统标准化方式准确评估。但农民合作社是市场经济的参与主体，其在市场交易中的信息记录，如销售渠道、销售订单、销售规模、银行账户的资金流水等，金融机构若灵活应用，这些信息都能够在一定程度上反映合作社的发展状况，进而能够形成对其增信能力的评估。此外，政府层面的对农民合作社的扶持政策与嘉奖条件也可供金融机构参考，如笔者在田野调查时发现，许多金融机构都对农民合作社示范社的评价和信任度都更高。

金融机构对农民合作社增信能力的判定以对其掌控的经济利益为重要标准。金融机构对合作社经济利益的掌控主要包括两种方式：一是通过银行资产账户掌控，这一影响是直接的；二是通过影响合作社的社会声誉间接掌控，这一影响是间接的。在农民合作社为其社员增信时，其在金融机构账户的资金流水实质受到密切监测和控制的。一旦因农民合作社不能客观增信而给金融机构造成损失时，这些资金就成为对金融机构损失的补偿，因而形成一种对农民合作社盲目增信的制约。并且，社会声誉的影响也对农民合作社的增信行为形成制约。一旦农民合作社盲目增信而给金融机构带来经济利益损失，金融机构通报政府等相关部门，形成对其社会声誉的负面影响。这种负面影响能够使农民合作社失去一些经济利益的机会，如被金融机构列入贷款的黑名单、不能够再得到政策的扶持、失去嘉奖的机会等。

根据观察到的实践运用，笔者总结金融机构评估农民合作社增信能力主要包括两个方面。

1. 经济状况的评估

经济状况是农民合作社为社员增信而能够承担社员违约责任能力的重要体现。农民合作社是农民为获取经济利益而共同合作的组织，经济效益关乎合作社自身的可持续经营和社员的收入水平，是农民合作之根本。"皮将不存、毛将焉附"，合作社若自身经济效益水平不高，无法保证实现可持续经营和社员的收入水平，即使其在金融机构与社员交易中具有信息成本优势，也将无法获得金融机构信任，更无从谈及影响力。因此，在不考虑其他因素影响的前提下，经济效益水平越高的合作社，其能够为其社员增信的能力越强。

实践中金融机构观察合作社经济水平的信息主要包括：①在产品和产品。②订单。主要是指合作社与交易对订立的包括销售农产品品种、质量、价款以及交货付款方式等要素的正式合同。③应收账款。主要是指合作社销售合同约定实际交付农产品后对农产品收购企业形成的付款请求权，其具有直接的财产性权利特征。④固定资产投资。主要是一些非标准化符合抵押担保条件的资产，如冷库建设、基地基础设施投入等。⑤银行账户资金往来。合作社银行账户的资金虽是浮动变化的，但却是金融机构观察合作社经济水平的最直接信息。

2. 社会声誉的评估

社会声誉是农民合作社无形的资产。与有形资本相比，"社会声誉"是虚拟的东西，但若运用得到，对农民合作社来说可能重若千金。具体来说，社会声誉主要包括正式层面的社会联系与非正式层面的社会口碑两个方面。

（1）政治联系。

作为被大力发展的一类经济组织，各地政府都给予农民合作社相当力度的扶持，其形式多种多样的，如直接的项目资金扶持、机械设备的实物扶持、项目的牵线搭桥等。然而这些扶持的资源是有限的，因而对农民合作社来说是稀缺的。为了能够提高对农民合作社的支持效率，各地的政府相关部门都会设定一定的条件，通过这些条件的筛选，选定扶持和嘉奖的目标。从某种程度上来说，这些条件是能够反映合作社综合发展状况水平的。并且这种"筛选"经由政府相关部门着手，是具有一定的公信力度的。

（2）社会口碑。

当地普通农民的口碑也是农民合作社发展状况的一种评估。这种社会口碑往往表现在农民"用脚投票"的对合作社的参与度上。农民合作社合理规范的发展、有效的利益联结机制设计能够保证其经营的稳定性和可持续性，若合作社发展规范、利益分配合理，社员将积极参与，农民合作社的增信才更为可信。并且，农民合作社的社会口碑也是政府相关部门考虑扶持和嘉奖的重要条件。

5.4 合作社增信能力评估的指标构建与实证

本部分尝试设计评估农民合作社增信能力（称为"增信影响力"）的指标体系，在五省调研样本数据的基础上，探讨农民合作社增信能力的量化，为金融机构评估农民合作社为社员增信的能力提供一定的借鉴与参考。在具体研究上，本书拟运用结构方程模型中二阶因子分析的实证方法，通过Amos17.0软件构建"增信影响力"指标的量化方程，最终实现农民合作社增信能力的量化。

5.4.1 增信影响力估值的方法介绍

1. 结构方程模型二阶因子分析简述

结构方程模型（structural equation modeling）是一种多变量统计方法，被广泛应用于探讨问卷调查或实验性数据研究中，其使用通常须有科学的理论或可靠的经验法则支持为基础，在此前提下，才能构建假设模型。它主要通过实证的数据来确认潜在变量（latent variable）间的假设关系，以及潜在变量与观察变量的一致性程度。结构方程模型将因素分析和路径分析进行整合，包含测量模型（measurement model）与结构模型（structural model）两个次模型。其中，测量模型主要是反映潜在变量被对应观察变量的测量；结构模型描述的是潜在变量之间的关系。

相较于传统的统计分析方法，结构方程模型具有以下优点：①为无法直接观测的潜在变量提供可被观测和处理的方法，同时允许将误差纳入模型中；②允许测项之间的误差间具有共变关系，即误差来源是相似的，更加符合行为及社会科学领域的现实；③打破传统因素分析中一个测项只能分配给一个共同因素，并只有一个因素负荷量，共同因素之间必须完全相关或完全不相关的严格限制。因而，结构方程模型的应用更加灵活。

验证性因子分析是在理论引导的基础上，验证假设的理论模型与数据的拟合程度，在结构方程模型中，对应于其中的测量模型。二阶验证性因子分析是一阶验证性因子分析的特例，是在分析模型中发现原先的一阶因子模型中潜在变量间存有中高度的关联程度，且一阶验证性因子分析模型与样本数据可以适配的前提下，进一步测量一阶因子潜在变量的更高一阶的变量，换句话说，即某一高阶结构可以解释所有的一阶因子潜在变量。

2. 增信影响力的二阶因子分析步骤

采用用二阶因子分析方法对农民合作社增信影响力估值，主要分为以下四个步骤。

（1）量化指标。

结构方程模型分析因素的确定须以理论或以往的研究成果为依据，包括选定反映因素的指标和对选定指标的量化。通过前文对农民合作社增信能力的阐释，以及不同合作社增信能力存在差异的原因分析，最终选定反映增信影响的指标体系，在下文中专门论述。

（2）样本规模适量确定。

结构方程模型的样本数据要符合多变量正态性的假定，适用于大样本的统计分析。但关于样本多少最为适当，学者们存有不同的意见。Bentler 和 Chou（1987）认为在样本符合正态分布的情形下，每个观察变量 5 个样本就足够了；黄芳铭（2004）则指出每个观察变量最好有 10 个样本以上。因此，一般认为研究样本在每个观察变量为 5~10 个样本均认为合适。本书最终选定的观测变量共有 13 个，样本农民合作社数量为 123 家，满足结构方程模型的样本数量需求。

（3）样本科学性检验。

结构方程模型通过对样本指标数据的描述性统计分析和可靠性检验，判定其是否适合验证性因子分析。其中，描述性统计分析的主要目的在于判定观测变量是否出现严重非正态而不适合采用最大似然法拟合结构方程。一般来说，描述性统计分析的主要内容包括观测变量的最小值、最大值、均值、标准差、峰度和偏度。可靠性检验主要是在实证分析前，对调查问卷的信度进行检验，主要在于判定问卷题项是否具有良好而稳定的信度，但对问卷数据的处理将会影响可靠性。可靠性检验的指标较多，本书主要利用 SPSS20.0

软件直接计算出的克龙巴赫 a 系数（Cronbach's alpha）来检验样本的可靠性，样本可靠性的判断依据是：数值在 0.7 以上表示样本的信度较高；数值在 0.35~0.7 表示样本信度中等；数值小于 0.35 表示样本低信度较低。一般来说，社会科学领域的研究样本，其克龙巴赫 a 系数值大于 0.5，就可视为问卷调查信度是可接受的（马龙龙，2010）。

（4）检验观测变量值是否适合二阶因子模型分析。

在进行二阶验证性因子分析时，首先须对一阶验证性因子进行相关分析，以便判断一阶因子是否提取二阶验证性因子的条件。而为了能够对一阶验证性因子进行相关分析，须先拟合一阶验证性因子分析模型，若其模型整体适配良好，且一阶因子间存在中高度的相关，则表明可以进一步提取二阶因子。本部分首先构建农民合作社增信影响力的二级指标的验证性因子模型，对模型进行适配性检验，且对二级指标进行两两之间的协方差检验，判定二级指标之间是否存在中高度相关。

（5）二阶验证性因子模型的拟合。

当满足上述步骤后，在一阶验证性因子模型的基础上，构建二阶验证性因子理论模型，并对其进行拟合，通过模型整体适配性检验和参数估计值统计显著性检验进行模型评价。结构方程模型整体适配度检验的指标较多（此处列举本书实证所采用的指标，见表 5-8），但并不表明一个模型必须满足所有的检验指标，并且即使满足了所有的检验指标，也并不一定表明模型是最理想的。适配度指标只是反映一种分析技术上的程度，而非理论上的证据，结构方程模型的检验应以理论为依据。在 AMOS 输出的结果中，以临界比值（critical ratio；C. R.）代表 t 值，若 C. R. 值的显著性水平 P 值为 0.05 时，C. R. 的绝对值如果大于 1.96，可以拒绝虚无假设（参数估计值等于 0），表明参数估计值显著。

表 5-8　　结构方程模型适配度的部分评价指标及标准

统计检验量	适配的标准或临界值
χ^2/df	小于 2
RMSEA 值	小于 0.05，适配良好；小于 0.08，适配合理
AGFI 值	大于 0.9 以上

续表

统计检验量	适配的标准或临界值
NFI 值	大于 0.9 以上
RFI 值	大于 0.9 以上
IFI 值	大于 0.9 以上
CFI 值	大于 0.9 以上

(6) 二阶因子估值。

根据拟合的模型参数估计值结果,将数据代入到结构方程中,计算得出估值。

3. 实证软件的介绍

本书实证软件主要包括 SPSS 软件和 AMOS 软件。其中,AMOS 是矩结构分析 (analysis of moment structure) 的英文简写,该软件的最大特点是使用图形式界面,通过绘制 SEM 图形构建实证模型,并进行模型适配性与参考修正的指标的结果,选择最佳的模型构建形式。需要指出的是,本书所有的模型构建结果均是根据参照模型适配性与参考修正指标结果显示,经过多次修正而选择的最终结果。

5.4.2 增信影响力指标体系的构建及描述性统计分析

1. 指标体系构建

在前文分析的基础上,笔者最终按组织特征、利益联结与社会影响力三类指标构成合作社影响力指标体系(见表 5-9)。

(1) 组织特征。包括合作社成立时间、社员人数、固定资产规模、营业收入四个观察变量。合作社成立时间越长,表明合作社的经营越稳定,可持续性发展度越强,并且只有经营稳定良好的合作社才能够存续较长时间,其社会影响力可能越大。社员人数表明了当地农民对合作社的参与度,只有能够给农民带来良好经济效益的合作社才能具有较强的带动能力,其社会影响力越大。固定资产规模能够一定程度上反映合作社的生产规模。对于同一类别的合作社来说,固定资产越大表明了其具有更强的生产能力。同时固定资产规模大的合作社更有可能给予社员因担保抵押不足而无法获得正规融资的支持。营业收入是合作社经济效益的重要参考指标,营业收入高的合作社一般来说,经济效益越大。

表 5-9　　农民合作社增信影响力指标体系设计

一级指标	二级指标	指标代码	价值评判标准
组织特征	成立时间（年）	X11	1 = (0, 2]; 2 = (2, 5]; 3 = (5, 10]; 4 = (10, 15]; 5 = (15, 20]; 6 = (20, ∞)
	社员人数（人）	X12	1 = (0, 10]; 2 = [11, 50]; 3 = [51, 100]; 4 = [101, 200]; 5 = [201, 500]; 6 = [501, ∞)
	固定资产（万元）	X13	1 = [0, 50]; 2 = (50, 100]; 3 = (100, 300]; 4 = (300, 500]; 5 = (500, ∞)
	营业收入（万元）	X14	1 = (0, 20]; 2 = (20, 100]; 3 = (100, 500]; 4 = (500, 1000]; 5 = (1000, ∞)
利益联结	二次返利	X21	0 = 否; 1 = 是
	金融支持	X22	0 = 否; 1 = 是
	共同销售	X23	0; 1 = (0, 50%); 2 = [50%, 100%); 3 = 100%
社会影响	受过扶持	X31	0 = 无; 1 = 有
	示范社	X32	0 = 非示范社; 1 = 县级; 2 = 市级; 3 = 省级; 4 = 国家级
	理事长声誉	X33	采用累加制, 0 = 无; 1 = 党员; 2 = 劳动模范/人大代表/其他; 县级以上荣誉称号逐次加 1 分
	理事长学历	X34	1 = 小学以下; 2 = 初中; 3 = 高中/中专; 4 = 大专; 5 = 本科及以上
	合作社/理事长获得过贷款	X35	0 = 未获得; 1 = 获得过
	农村金融深化度	X36	1 = 黑龙江; 2 = 安徽; 3 = 四川; 4 = 山东; 5 = 浙江

注: 1. 所有数据以 2013 年年底为统计口径。
2. 政府及相关部门给予合作社的扶持形式是多样的,难以在不同形式间进行比较,本书中,仅以受到过扶持和未受过扶持作为区分。
3. 农村金融深化度 = $\dfrac{2013\ 年末各省涉农贷款余额}{2013\ 年末各省农业\ GDP}$,对得出各省农村金融深度数值进行排序而得。

(2) 利益联结。主要是指合作社与社员的利益联结紧密度。本书选取合作社是否进行二次返利、是否给予社员金融支持、社员共同销售产品的比例来反映。二次返利是合作社重要的利益分配制度之一，是合作社"合作"本质的要义所在，其反映了合作社社员共同分享收益的程度，能够较强地反映合作社与社员利益联结的紧密度。给予社员金融支持是指任何可以减少社员资金需求的行为，在本次调研中发现，合作社对社员的金融支持主要包括赊销原料、预付款、资金支持、内部资金互助等，这些行为反映了合作社与社员之间的信任程度和经济利益的联结。共同销售产品比例是社员共同分享经济收益的重要指标，在调研中，课题组通过对农民的采访发现，约48.7%的受访者表示加入合作社的一个重要的"好处"就是合作社可以帮助其销售产品，解决了产品销售难的问题。合作社共同销售产品的比例越大，表明合作社与社员利益联结越紧密。

(3) 社会影响力。包括合作社是否受扶持、是否示范社、理事长个人声誉和文化水平、合作社/理事长获得过贷款，以及地区农村金融深度6个观察变量。诚如本书第一部分所述，合作社受到政府及相关部门扶持和示范社评定都是根据一些具有认可度的指标筛选出的，反映了正规部门的认可，是其社会影响力的重要反映。理事长是合作社的核心，尤其对于我国合作社来说，其大多数由农村精英和能人领办，理事长对合作社的存续、发展影响力较大，甚至主导合作社的发展。理事长个人素质体现在其见识、经营管理水平、与各类部门打交道的能力、对各类信息接受灵敏度等。一般来说，个人素质高的合作社理事长在人脉经营、能力上都有较强的体现。而由于个人素质是一个较宽泛模糊的概念，实践中缺乏可测量性，鉴于此，课题组最终选定以理事长的文化水平和所获的荣誉称号作为其个人素质的反映[①]。合作社自身/理事长个人获得过正规贷款的合作社，在帮助社员获得正规融资上，更容易获得金融机构的信任，也更熟悉获得正规贷款的要点，因而能够给予社员更加精准的支持。地区农村金融深度在一定程度上反映了农村地区获得金融支持的程度，由于本书侧重的是对正规融资的影响的分析，因而须将地区的差异考虑进去，一个现实的可能是浙江省的国家级示范社能够获得比安徽省的国

[①] 课题组认为个人素质并不等同于个人文化水平与个人荣誉之和，但是由于其他的反映个人素质的要素难以测定，本研究仅以此做近似代替。

家级示范社更多的金融支持。

2. 描述性统计分析

本书运用 SPSS 20.0 软件对样本观察变量进行描述性统计分析（见表5-10）。

表5-10　农民合作社增信影响力模型观测变量的描述性统计分析

观测变量	均值	标准差	最小值	最大值	偏度	峰度
成立时间	2.79	1.175	1	6	0.863	0.636
社员人数	3.48	1.472	1	6	-0.111	-0.960
固定资产	0.29	0.458	0	1	0.915	-1.188
营业收入	2.55	1.521	1	5	0.343	-1.398
二次返利	0.29	0.458	0	1	0.915	-1.188
金融支持	0.45	0.500	0	1	0.193	-2.005
共同销售	1.94	1.090	0	3	-0.628	-0.923
受过扶持	3.42	1.357	1	5	-0.703	-0.734
示范社	1.62	1.377	0	4	0.116	-1.338
理事长声誉	3.42	1.357	1	5	-0.703	-0.734
理事长学历	3.13	0.992	1	5	0.075	-0.314
合作社/理事长获得过融资	0.52	0.502	0	1	-0.064	-2.039
农村金融深化度	3.42	1.357	1	5	-0.703	-0.734

从结果来看，13个观察变量的均值来看，样本数据没有处于最小和最大的极端状况。从标准差来看，所有观察变量标准差没有存在较大差异。从偏度来看，所有观察变量的绝对值都小于1，不属于大于3的极端偏态。从峰度来看，11个观察变量（成立时间、社员人数、固定资产、营业收入、二次返利、共同销售、受过扶持、示范社、理事长声誉、理事长学历、农村金融深化度）的绝对值均小于2；2个观察变量（金融支持、理事长/合作社获得过融资）的绝对值分别为2.005、2.039，但均小于10，这表明所有观察变量都没有出现严重非正态，可以采用最大似然法拟合结构方程。

需要指出的是，在合作社社员人数的描述性统计分析中，社员人数的最小值为1，最大值为6，这并不是指合作社的所有社员人数。在对社员入户的实地调查中，课题组难以事先判定社员是否存在融资需求，且对社员的入户调查是随机的，因而这一人数代表的并不是同一合作社内所有存在融资需求的社员，而仅仅是课题组入户调查的抽样结果。因此，样本中存在一家合作社只被抽中发现有一名有融资需求的社员情况。

5.4.3 增信影响力估值的研究假设及样本可靠性检验

1. 研究假设

根据以上分析，本书进行如下假设。

假设1：增信影响力可以通过组织特征、利益联结、社会影响来测量，这三个潜变量与增信影响力成正比。

假设2：组织特征可以由成立时间、社员人数、固定资产、营业收入来测量，并且这四个观察变量与组织特征值成正比。

假设3：利益联结可以由二次返利、金融支持、共同销售来测量，并且这三个观察变量与利益联结度成正比。

假设4：社会影响可以由合作社受过扶持、是否为示范社、理事长文化、理事长声誉、合作社/理事长获得过银行贷款、地区农村金融深化度来测量，并且前五个观察变量与合作社社会影响力成正比。地区农村金融深化度与合作社社会影响力成反比[1]。

2. 样本可靠性检验

运用SPSS软件，采用克龙巴赫a系数（Cronbach's alpha）对潜变量（合作社影响力、组织特征、利益联结、社会影响力）进行信度检验，其中，合作社影响力信度和组织特征的信度达到或接近0.6，信度是可接受的，表明从总体上来说，该影响力指标体系是可靠的。但是利益联结、社会影响力的

---

[1] 一般来说，地区农村金融深化度越深的地区，其经济和金融发展水平越高，金融市场细分越细、金融机构定位越准确，因而当地农民个人获得正规贷款相对更加容易些，农民合作社产生的影响力就相对小一些。

信度均未达 0.6。见表 5-11。

表 5-11　　农民合作社增信影响力指标样本的信度系数

	合作社影响力	组织特征	利益联结	社会影响力
克龙巴赫 a 系数	0.656	0.598	0.254	0.381

组织特征、利益联结、社会影响力的信度未达到常规可靠性检验值（一般为 0.6），笔者认为原因有两点。

（1）调查样本为非随机性选择影响了具体结果。由于本研究是由政府相关部门牵头而进行，经过与他们的沟通，大多数合作社是经过初步"筛选"，再由课题组进行实地调研的。"筛选"的原则是或合作社理事长具有较强表达和沟通能力，或合作社业绩优秀。但是，这些合作社，不一定是成立时间较长、经营稳定、利益机制健全完善的合作社。

（2）有些观察指标难以精准测量。如二次返利是合作社与社员利益联结紧密度的重要衡量指标，但是由于许多样本合作社对核心成员和普通成员的二次返利比例是不同的，或是二次返利的标准是不同的，仅能以"是"或"否"二次返利来表示利益联结。又如，合作社对社员的金融支持，不仅不同样本合作社对社员金融支持的方式和程度是不同的，即使是同一家样本合作社，其对不同社员金融支持的方式和程度也是不同的，也无法得出具体的支持力度，也仅能以"是"或"否"对社员金融支持来表示利益联结。这就使得样本数据无法深度精准衡量合作社与社员利益联结紧密的程度。其他的观察指标也存在类似的问题。基于以上原因，本书认为，这种信度检验的结果是必然的，其并不必然得出本研究失去了科学研究价值的结论。

5.4.4　增信影响力的估值实证

1. 验证性因子分析

验证性因子分析是量化增信影响力指标值的基础，其主要目的是为了探讨农民合作社增信影响力指标体系中的各分指标是否具有更高阶的共同因素存在。只有分指标之间存在更高阶的共同因素，才能够表明构建的增信影响力指标是适合的。

(1) 理论模型。

在进行二阶因子分析之前，首先要构建验证性因子分析模型（见图 5-2）来对结构方程中的各个测量指标进行验证，以此来说明是否可以建立一个二阶因子模型估计合作社增信影响力。

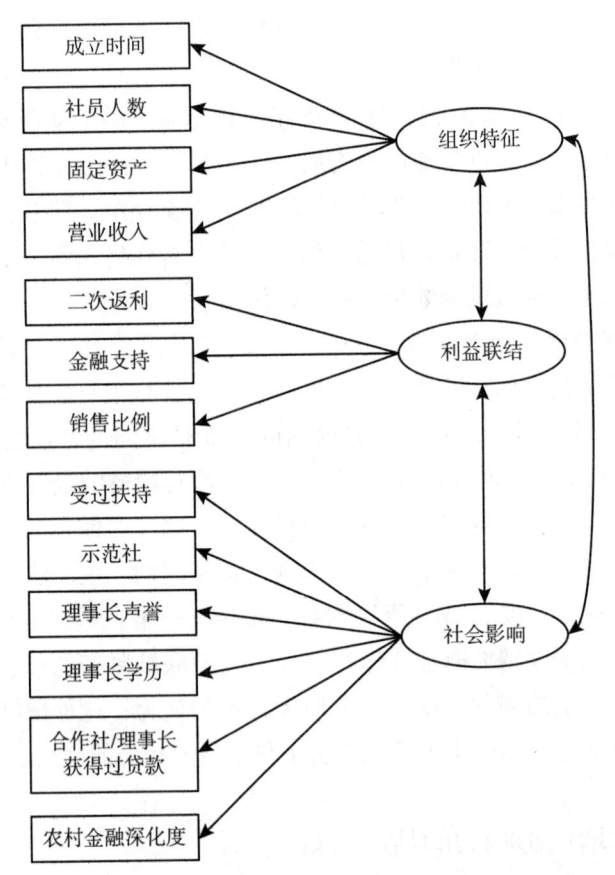

图 5-2 农民合作社增信影响力验证性因子分析的理论模型

(2) 整体适配性。

对验证性因子模型进行整体适配性检验，将 AMOS17.0 输出的部分文字报表列表（见表 5-12）。其中，卡方的 P 值为 0.13 > 0.05，RMSEA 为

0.075 < 0.08，GFI、AGFI 值均大于 0.90；NFI、RFI、IFI 值均大于 0.90；PNFI 值大于 0.50，1 < χ^2/df 值 = 1.53 < 3，表明模型的整体适配度较好。

表 5-12　农民合作社增信影响力验证性因子分析的适配度

评价项目	实际 SEM 拟合值	结果
χ^2/df 是否小于 2	1.531	是
RMSEA 是都小于 0.08	0.075	是
AGFI 指数是否大于 0.9	0.999	是
NFI 指数是否大于 0.9	0.962	是
RFI 指数是否大于 0.9	0.933	是
IFI 指数是否大于 0.9	0.986	是
CFI 指数是否大于 0.9	0.986	是

（3）因素相关性检验。

对验证性因子模型中的三个潜在变量，即组织特征、利益联结、社会影响进行两两之间的协方差检验，结果均达到 0.05 的显著水平，相关系数分别为 0.937、0.701、0.938，存在中高度相关（见表 5-13），表明这三个因素间可能有另一个高阶的共同因素存在。

表 5-13　农民合作社增信影响力验证性因子分析的相关系数检验结果

评价项目	相关系数估计值	C.R. 值	P 值	标准化相关系数
组织特征↔利益联结	0.239	4.652	0.000	0.937
社会影响↔利益联结	0.044	2.657	0.008	0.701
组织特征↔社会影响	0.310	3.476	0.000	0.938

（4）路径系数检验。

对验证性因子模型进行拟合的主要目的在于检验参数估计值的显著性，以判定验证性因子分析拟合是否合理，决定是否适合构建二阶因子模型。

表 5-14 的数据表明模型拟合 C.R. 值对应的 P 值均在合理范围，路径

系数通过显著性检验,模型拟合较好。

表 5–14　农民合作社增信影响力验证性因子分析的拟合结果

路径	系数估计值	C.R. 值	P 值
成立时间←组织特征	0.328	4.444	0.000
社员人数←组织特征	0.716	6.617	0.000
固定资产←组织特征	0.626	6.351	0.000
营业收入←组织特征	1.000	—	—
二次返利←利益联结	0.552	2.936	0.003
金融支持←利益联结	1.000	—	—
销售比例←利益联结	2.744	3.829	0.000
受过扶持←社会影响	0.840	3.722	0.000
示范社←社会影响	4.282	3.408	0.000
理事长声誉←社会影响	1.511	2.555	0.011
理事长学历←社会影响	1.000	—	—
合作社/理事长获得过融资←社会影响力	0.517	2.933	0.003
农村金融深化度←社会影响力	-0.782	-1.731	0.083

(5) 验证性因子分析的结论。

以上的分析表明:

①模型整体适配度较好(见表 5–12)。

②组织特征、利益联结、社会影响之间存在中高度相关(见表 5–13)。

③所有路径系数通过显著性检验(见表 5–14)。

因此,验证性因子分析得出的结论是:可以进行二阶因子建模。

2. 增信影响力的估值

在验证性因子分析的基础上,本部分构建二阶因子模型,二阶因子即为农民合作社的增信影响力,一阶因子包括组织特征、利益联结、社会影响。下文分别论述估值过程。

(1) 理论模型。

二阶因子分析模型（见图5-3）包括4个结构变量，分别为合作社组织特征、利益联结、社会影响、增信影响力。变量之间的单向箭头表示决定因素的构成，即潜变量"组织特征"由观察变量"成立时间""社员人数""固定资产""营业收入"构成；潜变量"利益联结"由观察变量"二次返利""金融支持""销售比例"构成；潜变量"社会影响"由"受过扶持""示范社""理事长声誉""理事长学历""合作社/理事长获得过贷款""农村金融深化度"构成。最终，二阶因子潜变量"增信影响力"为待估计值，由一阶潜变量"组织特征""利益联结""社会影响"构成。

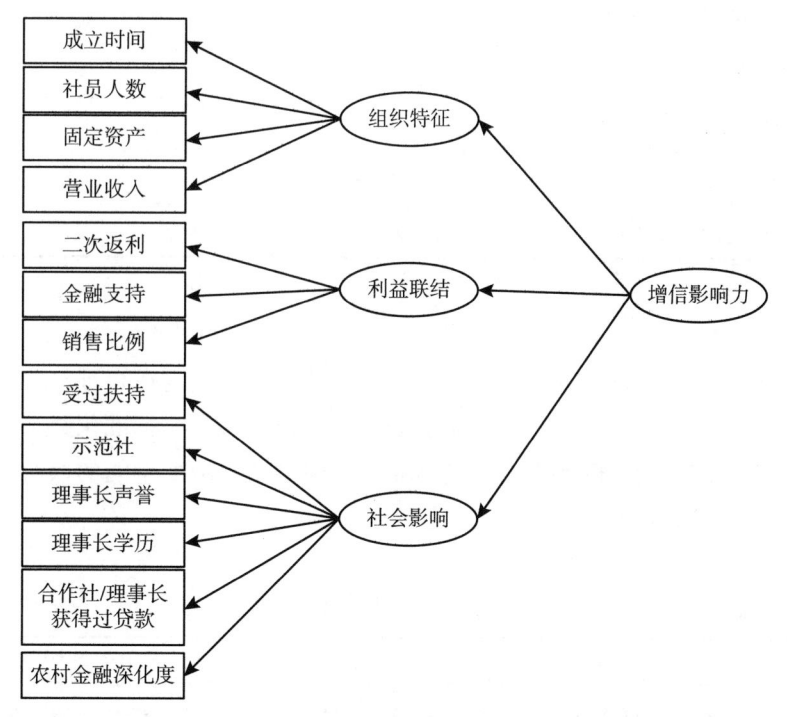

图5-3 农民合作社增信影响力理论模型

(2) 增信影响力模型的适配性检验。

表5-15是农民合作社增信影响力模型的适配性检验结果。比较模型拟合指标值和可接受值，就绝对拟合指数来说，χ^2/df、RMSEA、AGFI 都在可

接受值的范围之内，说明样本数据与增信影响力模型拟合度较好；就模型的增值拟合指数来说，NFI、CFI 达到了标准要求值，进一步说明增值影响力理论模型有较高的拟合程度。总而言之，增值影响力模型较好拟合了课题组田野调查所获得的数据，本模型构建合理。

表 5-15　　　　　农民合作社增信影响力模型整体适配度的检验结果

评价项目	实际 SEM 拟合值	结果
χ^2/df 是否小于 2	1.59	是
RMSEA 是都小于 0.08	0.079	是
AGFI 指数是否大于 0.9	1.0	是
NFI 指数是否大于 0.9	0.959	是
RFI 指数是否大于 0.9	0.930	是
IFI 指数是否大于 0.9	0.984	是
CFI 指数是否大于 0.9	0.984	是

(3) 增信影响力模型的拟合结果。

增信影响力模型参数估计值的 C.R. 值对应的 P 值均在合理范围，表明可以采用潜变量之间的回归系数来验证前文提出的假设，标准化路径系数的大小能够反映影响程度的大小，增信影响力模型各个潜变量间的回归结果及测量模型结果见表 5-16。

表 5-16　　　　　增信影响力模型的回归结果

	路径	系数估计值	C.R. 值	P 值	标准化系数
结构模型	组织特征←增信影响力	1.000	—	—	0.920
	利益联结←增信影响力	0.196	7.444	0.000	0.916
	社会影响力←增信影响力	0.190	2.785	0.005	0.949

续表

	路径	系数估计值	C.R. 值	P 值	标准化系数
测量模型	成立时间←组织特征	0.423	6.088	0.000	0.540
	社员人数←组织特征	0.618	7.068	0.000	0.554
	固定资产←组织特征	0.601	7.450	0.000	0.523
	营业收入←组织特征	1.000	—	—	0.870
	二次返利←利益联结	0.586	3.407	0.000	0.353
	金融支持←利益联结	1.000	—	—	0.542
	共同销售←利益联结	1.607	3.905	0.000	0.422
	受过扶持←社会影响	0.776	3.296	0.000	0.435
	示范社←社会影响	5.060	2.931	0.003	0.955
	理事长声誉←社会影响	3.118	2.834	0.005	0.463
	理事长学历←社会影响	1.000	—	—	0.249
	合作社/理事长获得过融资←社会影响	0.665	2.711	0.007	0.331
	农村金融深化度←社会影响	-1.178	-2.003	0.045	-0.214

注：C.R 值相当于 t 统计量。如果 C.R 值的绝对值大于 1.96，则系数估计值通过显著性水平为 5% 的检验，如果 C.R 值的绝对值大于 2.58. 则系数估计值通过显著性水平为 1% 的检验。

①组织特征、利益联结、社会影响与增信影响力存在正相关关系，验证了假设 1。

②成立时间、社员人数、固定资产、营业收入与增信影响力的关系为正，验证了假设 2。

③二次返利、金融支持、共同销售与利益联结的关系为正，验证了假设 3。

④受过扶持、示范社、理事长学历、理事长声誉、合作社/理事长获得过银行贷款与社会影响的关系为正，农村金融深化度与社会影响的关系为负，验证了假设 4。

5.4.5 增信影响力的估值方程及量化

根据增信影响力模型标准化系数，得测量方程模型：

$$\begin{bmatrix} 成立时间 \\ 社员人数 \\ 固定资产 \\ 营业收入 \\ 二次返利 \\ 金融支持 \\ 共同销售 \\ 受过扶持 \\ 示范社 \\ 理事长荣誉 \\ 理事长学历 \\ 合作社/理事长获得过融资 \\ 农村金融深化度 \end{bmatrix} = \begin{bmatrix} 0.540 & 0 & 0 \\ 0.554 & 0 & 0 \\ 0.523 & 0 & 0 \\ 0.870 & 0 & 0 \\ 0 & 0.353 & 0 \\ 0 & 0.542 & 0 \\ 0 & 0.422 & 0 \\ 0 & 0 & 0.435 \\ 0 & 0 & 0.955 \\ 0 & 0 & 0.463 \\ 0 & 0 & 0.249 \\ 0 & 0 & 0.331 \\ 0 & 0 & -0.214 \end{bmatrix} \times \begin{bmatrix} 组织特征 \\ 利益联结 \\ 社会影响 \end{bmatrix} + \begin{bmatrix} e1 \\ e2 \\ e3 \\ e4 \\ e5 \\ e6 \\ e7 \\ e8 \\ e9 \\ e10 \\ e11 \\ e12 \\ e13 \end{bmatrix}$$

结构方程模型：

增信影响力 = 0.920 × 组织特征 + 0.916 × 利益联结 + 0.949 × 社会影响

根据标准化路径系数，计算出各样本合作社影响力指标数值（数据见附录2）最终将其引入农民正规增信影响力因素模型。

本章对样本农民合作社增信能力进行评估具有以下两点作用与启示：

（1）为实践中金融机构评估农民合作社增信能力提供借鉴。各地区农民合作社的发展差异较大，金融机构如何评价农民合作社、如何评估农民合作社增信能力是以农民合作社组织形式作为农民缓解正规融资约束途径的关键。笔者基于实地的田野调查，在借鉴相关研究的基础上，构建了农民合作社增信能力评估指标体系，为现实中金融机构的评估工作提供借鉴。

（2）为检验农民合作社增信的现实效果奠定基础。农民合作社增信促进农民获得正规融资的实践案例不断涌现，但既有研究多以案例分析为评价基础，缺少推广以农民合作社增信方式缓解农民正规融资约束的有力支撑。本章对样本农民合作社增信能力的估值是为下一章节农民合作社增信效果现实检验提供分析的基础。

第 6 章
农民合作社增信效果的现实检验

农民合作社为社员正规融资增信的实践案例在全国各地不断涌现，以农民合作社组织形式为农民缓解融资约束的理论研究也开始展开，究竟现实中通过合作社增信以提高社员正规融资可得性的效果如何？理论研究中鲜有以田野调查数据为基础的科学评判。本章拟在调研样本数据的基础上，运用实证方法进行检验，具体来说，通过农民合作社增信影响力的量化数值构建社员正规融资的方程，在选取一定控制变量的基础上，检验农民合作社为社员增信带来的正规融资可得性的影响程度。本章的研究共分为三个部分，一是对样本社员的基本信息和融资情况进行统计描述；二是引入增信影响力量化值构建社员正规融资的方程；三是在实证的基础上归纳检验的结果，并进行简要分析。

6.1 基于样本社员正规融资的统计描述

对样本社员正规融资状况的统计描述是检验农民合作社增信效果的基础。通过对入户社员调查的资料数据简单统计分析，有助于了解各地农民合作社社员的经济水平、融资条件、融资结果，这些是分析合作社增信对社员正规融资影响的控制性条件变量，是现实检验农民合作社增信效果的基础。

6.1.1 样本社员的筛选

社员正规融资可得性的研究以社员存在正规融资需求为研究前提，需要指出的是，本书中关于社员融资的样本均是已经剔除了以抵押担保方式获得的社员样本。本书从所有 574 份社员问卷中，筛选出有正规融资需求的社员样本为 338 户。筛选步骤主要根据调查问卷的内容分为两步进行。

（1）近三年内已经获得过正规金融机构贷款的农户被视为是存在正规融资需求的研究样本，共有 186 户。

（2）有正规融资需求、未获得正规融资的社员被视为存在正规融资需求。主要在未获得正规融资的农民中进行区分，将以下三类视为有正规融资需求的样本：①申请过正规金融机构贷款而未被批准的社员。②以前未申请过正规金融机构贷款、有非正规借款（正规金融机构贷款以外的借款），且愿意申请正规金融机构贷款的社员。③以前未申请过正规金融机构贷款、现今准备进行生产经营投资，且愿意申请正规金融机构贷款的社员。属于这三类的社员样本有 152 户。

6.1.2　样本社员的基本信息描述

（1）社员年龄偏大。有融资需求的社员主要集中在 40~60 岁。

（2）社员学历主要以初中、高中/中专为主。

（3）社员固定资产投资规模偏小。没有投资的社员比重达 35.21%，小于 10 万元投资额的社员比重为 38.76%。这也表明，绝大多数合作社资产是由少数社员投资。见表 6-1。

表 6-1　　　　　　　　有融资需求样本社员的基本信息

年龄区间	(0, 20)	[20, 30)	[30, 40)	[40, 50)	[50, 60)
分布占比	0	6.80%	20.41%	44.38%	28.41%
学历区间	小学及以下	初中	高中/中专	大专	本科及以上
分布占比	20.70%	48.82%	20.71%	7.40%	2.37%
固定资产投资区间	0	(0, 10)	[10, 30)	[30, 100)	[100, ∞)
分布占比	35.21%	38.76%	13.31%	7.99%	4.73%
年毛收入区间	(0, 10)	[10, 15)	[15, 30)	[30, 60)	[60, ∞)
分布占比	29.88%	14.79%	32.84%	12.43%	10.06%

注：固定资产投资主要指农业生产上的固定资产投资。

(4) 社员家庭年毛收入绝大多数集中在 30 万元以下。不同社员家庭人口数量不同，所处地区的平均收入水平不同，年收入的绝对数额并不能够代表其绝对收入。此处，仅从数据值上进行统计，并不是对收入水平进行判定。

6.1.3 样本社员正规融资状况描述

1. 基于地域差异的样本社员正规融资状况

(1) 有融资需求的社员占据样本的大多数。

样本统计中，总体有融资需求的社员占比为 58.9%。其中，浙江省样本合作社中，有融资需求的社员占比为 53.2%；安徽省样本合作社中，有融资需求的社员占比为 53.9%；山东省样本合作社中，有融资需求的社员占比为 58.6%；四川省样本合作社中，有融资需求的社员占比为 60.0%；黑龙江省样本合作社中，有融资需求的社员占比为 77.6%。见表 6-2。

表 6-2　　　　基于地区差异统计的社员正规融资状况　　　　单位：%

项目	浙江	安徽	山东	四川	黑龙江	总体
有融资需求的社员数/社员样本数	53.2	53.9	58.6	60.0	77.6	58.9
获得正规融资社员数/有融资需求社员数	72.3	60.7	50.4	36.2	60.0	55.0
正规融资完全满足/有融资需求社员数	28.9	21.4	15.9	8.7	8.9	17.2

(2) 获得正规融资的社员占比较高。

本书进一步统计了 2011～2013 年 3 年内获得过正规融资的社员占比，以此反映社员的正规融资可得性。全部社员样本中，有融资需求社员的 55% 均获得过正规融资。其中，浙江省有融资需求社员的 72.3% 获得过正规融资；安徽省有融资需求社员的 60.7% 获得过正规融资；山东省有融资需求社员的 50.4% 获得过正规融资；四川省有融资需求社员的 36.2% 获得过正规融资；黑龙江省有融资需求社员的 60% 获得过正规融资。这在一定程度上表明了浙江省合作社社员的融资可得性较高一些，而四川省合作社社员的融资可得性较低。

(3) 社员正规融资完全满足的比重较小。

社员获得过正规融资并不必然表明社员的融资需求完全得到满足，存在两种可能情况，一是农民依然面临着信贷配给；二是农民的融资条件不足以支撑获得其能够满足的融资额度。因此，本书进一步考察了社员获得正规融资的满足程度。为了获取这一指标数值，课题组设下如下评判标准。

有融资需求的判断标准是：①社员是否有过正规或非正规借款；②询问社员当前是否存在资金缺口。存在任何之一的肯定回答，均被视为有融资需求。

正规融资完全满足的判断标准是：①社员没有非正规借款；②社员当前也不存在再融资的想法。只有两者都是肯定的回答，才被视为融资需求得到完全满足。

通过计算统计，总样本社员中，完全从正规融资渠道满足其融资需求的社员比重为17.2%。其中，浙江省样本合作社社员的融资需求完全得到满足的数量占比为28.9%；安徽省样本合作社社员的融资需求完全得到满足的数量占比为21.4%；山东省样本合作社社员的融资需求完全得到满足的数量占比为15.9%；四川省样本合作社社员的融资需求完全得到满足的数量占比为8.7%；黑龙江省样本合作社社员的融资需求完全得到满足的数量占比为8.9%。无论是各省样本的统计，还是总体样本的统计，社员的正规融资需求满足率均较低。

2. 基于异质性社员的正规融资状况

按照社员对合作社发展的重要性，将其分为理事长、核心社员（主要包括合作社发起人、理事会/监事会成员）和非核心社员三类，将这三类中有融资需求的社员的融资可得性数据如表6-3。从统计的指标来看，获得正规融资的社员比重、融资完全得到满足的社员比重、近3年获得融资总额数量，都存在一致的趋势，即理事长＞核心社员＞非核心社员。同时，从社员的固定资产投资和家庭年毛收入水平来看，也存在类似的关系，理事长＞核心社员＞非核心社员。因此，仅从简单的数据统计中是难以判断出农民正规融资的可得性因素中，究竟是个体的融资条件差异的影响更大些，还是社员差异造成的影响更大些。

表6-3　　　　　基于合作社成员异质的社员正规融资状况统计

项目		理事长	核心社员	非核心社员	总体
有融资需求的社员数量		32	114	192	338
获得正规融资数/有融资需求社员数		81.3%	70.2%	41.7%	55.0%
正规融资完全满足/有融资需求社员数		34.4%	19.3%	13.0%	17.2%
近3年获得正规融资总额平均值（万元）		47.84	16.24	14.78	13.50
农业固定资产投入（万元）	平均值	182.41	8.31	8.55	24.93
	最大值	1000	150	300	1000
	最小值	0	0	0	0
2013年家庭年毛收入（万元）	平均值	78.80	32.27	21.00	30.09
	最大值	500	500	408	500
	最小值	5.1	10.0	-8.0	-8.0

为了进一步分辨和判断社员差异对农民融资可得性的影响，课题组对问卷数据和访谈记录进行了进一步地梳理（见表6-4）。获得正规融资的186名社员（其中，26名是理事长，80名是核心社员）中，16名理事长、67名核心社、39名非核心社员表示得到正规贷款获得了合作社的帮助。理事长与核心社员获得合作社帮助的比重高于非核心社员。课题组进一步总结了合作社帮助的形式，主要分为有形的帮助和无形的帮助两种。其中，获得合作社有形的帮助的社员有43名，主要包括合作社为社员担保、向银行推荐、帮助银行管理社员贷款等形式；获得合作社无形帮助的社员有79名，主要包括合作社在银行有较高的信用、合作社有较大的社会影响力等。

根据前文对社员身份差异影响农民融资可得性的理论分析，结合以上的简单数据分析，本研究尝试得出这样的初步判断：不同身份的社员受到合作社影响的大小是不同的。合作社理事长与核心成员在正规融资可获得性上受到合作社的积极影响更大一些。为了确定这一判断的准确性，本书将对样本数据进行实证模型拟合来进一步检验和探讨。

表 6-4　　　　　　　　异质社员获得合作社帮助的统计

项目	获得正规融资人数（%）	获得帮助（%）	获得帮助的人数占比（%）
理事长	26	16	61.5
核心社员	80	67	83.8
非核心社员	80	39	48.8
合计	186	122	65.6

6.1.4　样本社员融资状况的小结

根据课题组的数据整理，笔者发现此次调研的样本社员有融资需求的比重较高，越有一半有融资需求的社员获得了正规融资的支持，但对社员资金需求数额的满足率较低。其中，浙江省的合作社社员的正规融资可获得性较高一些，这与浙江省农村地区金融深化度较高相关，而四川省农民合作社社员获得正规融资的比重较小。

根据对异质性社员融资状况的统计分析，理事长在融资需求、融资获得、融资满足三个方面均高于其他两类社员，但理事长在农业生产投资和收入也高于其他两类社员。通过访谈，表示受到合作社帮助而获得正规融资的社员中，理事长和核心社员受到帮助的比重更大。

6.2　农民合作社增信效果的实证检验

本书对农民合作社增信效果的检验是通过对构建的社员正规融资模型实证分析而展开的。具体来说，实证步骤主要分为四步：①量化社员正规融资模型的控制变量指标，主要包括农民个人特征和融资可得性两类指标；②引入与合作社增信效果相关的指标，主要包括社员身份、增信影响力，对"合作社的帮助"的验证性指标；③构建社员正规融资模型；④增信效果检验。

6.2.1　实证方法介绍

实证方法的选择是本章农民合作社增信效果现实检验研究的重要环节。

本书以考察社员与其正规融资的关系为研究核心，那么，在实证分析中，如何解决各影响因素之间的互相干扰？如何不重复计算各因素的重叠影响？如何准确判断检验社员差异的影响程度而不被其他影响因素所干扰？结构方程模型是一个较为合适的实证工具，它允许测量题项的误差间具有共变关系，允许因素分析中一个测量题项分配给多个共同因素。本部分以结构方程模型潜在变量路径分析（PA-LV 模型）构建社员正规融资模型而展开实证分析。

所谓潜在变量路径分析（PA-LV 模型），是与观察变量路径分析（PA-OV 模型）相对而言的。观察变量路径分析（PA-OV 模型）也称为传统路径分析，其特点是每一潜变量各自只有一个观察变量，或表达为没有包含任何潜在变量。潜在变量路径分析（PA-LV 模型）则结合了传统路径分析与验证性因子分析的测量模型，其分析模型中同时包含观察变量和潜在变量，是完整的结构方程模型。在潜在变量路径分析（PA-LV 模型）中，测量模型中的观察变量是其潜在变量的指标测量值，而潜在变量是其观察变量的共同特质，是无法直接观察测量的。

PA-LV 模型的拟合步骤和评价体系与一般结构方程模型的步骤相同，本书在第 5 章农民合作社影响力估值模型（见 5.4.1 节）已经叙述，此处只作简要介绍。

（1）量化指标。即用社员样本数据对选定的变量指标进行量化。

（2）样本规模适量确定。即确定社员样本的规模是否与所选指标适量，如果适量，则表示可以使用 PA-LV 模型。

（3）样本科学性检验。即通过对社员正规指标数据的描述性统计分析和可靠性检验判定样本数据是否适合进行 PA-LV 模型分析。

（4）社员正规融资模型的拟合。即利用样本数据对构建的社员正规融资理论模型进行拟合，通过模型整体适配性检验和参数估计值统计显著性检验进行模型评价。

（6）农民合作社增信效果评价。根据拟合的社员正规融资模型的参数估计值结果，分析实践中农民合作社增信对社员正规融资可的性的影响。

6.2.2 社员正规融资模型指标的量化

在借鉴相关研究的基础上，笔者将社员正规融资路径分析模型的影响因素主要分为三类：一是属于社员个体的影响因素；二是地区差异的影响因素；三是合作社的影响因素，设定三类因素为潜在变量，命名为农户个人特征、合作社影响、地区农村金融深化度、融资可得性。由于潜在变量无法通过直接观察获取，因而通过若干个可观察指标变量来间接反映，以实现社员正规融资模型的构建与分析。下面分别论述潜在变量指标的量化过程①。

1. 社员个人特征的量化

在借鉴了既有农民融资研究（周宗安，2010；程恩江等，2010；王定祥等，2011；童馨乐，2011）的基础上，笔者对社员个体影响因素选择了年龄、文化程度、家庭年收入、生产投入的固定资产等观察变量（见表6－5）。

表6－5　　　　　　　社员个人特征的观察变量及具体指标

观测变量	具体指标
年龄	1＝20岁以下；2＝20（含）~30岁；3＝30（含）~40岁；4＝40（含）~50岁；5＝50（含）~60岁
学历	1＝小学以下；2＝初中；3＝高中/中专；4＝大专；5＝本科及本科以上
固定资产	0；1＝2万元以下；2＝2万（含）~5万元；3＝5万（含）~10万元；4＝10万（含）~30万元；5＝30万（含）~100万元；6＝100万（含）~200万元；7＝300万元及以上
家庭年收入	1＝0~5万元；2＝5万~10万元；3＝10万~15万元；4＝15万~30万元；5＝30万~60万元；6＝60万~200万元；7＝200万元以上

一般来说，年轻农民思维开放，敢于冒险，但专业生产经验不足，资产累积数量较少；而年龄大的农民专业生产经验丰富，资产累积较多，但同时存在思维固化、不愿冒险的问题。个人素质高的农民更懂得如何与金融机构沟通和表达，同时也相对更遵信守诺，由于个人素质是一个较宽泛模糊的概

---

① 本部分所论述的量化指标是最终纳入进结构方程模型的指标，一些实证拟合中不显著的指标，已按照结构方程模型删减指标的规则逐一删去。

念，实践中缺乏可测量性，本书在此以学历作为个人素质的反映性指标①。投入的固定资产和家庭年收入是农民生产规模和还款能力的反映指标之一。

2. 合作社影响的量化

合作社影响因素主要包括三个观察变量指标：农民合作社增信影响力（第4章的估值结果，视为可观察变量）、社员差异（表达为"理事长""核心社员""非核心社员"）、农民合作社的帮助。其中，选定"农民合作社的帮助"主要是出于避免调研中遗漏的影响而设计，在社员调查问卷中，以"若获得正规贷款，合作社对您申请贷款有帮助吗？"问题，作为验证和补漏。见表6-6。

表6-6　农民合作社增信影响的观察变量及具体指标

观测变量	具体指标
社员身份	0=非核心社员；1=管理型社员；2=核心社员；3=理事长
增信影响力	1=5以下；2=8以下；3=10以下；4=13以下；5=15以下；6=15以上
合作社的帮助	0=无帮助；1=有帮助

3. 地区农村金融深化度的量化

地区性差异对农民融资产生影响是许多研究的共识性。笔者认为反映社员所在地区对其借贷行为的影响因素主要包括农村地区农村金融深度和金融市场化程度。见表6-7。

表6-7　样本地区农村金融深化度的观察变量及具体指标

观测变量	具体指标
农村金融深化度	1=黑龙江省；2=安徽省；3=四川省；4=山东省；5=浙江省

注：农村金融深化度的具体值见表6-9。

---

① 本书认为个人素质并不等同于个人学历，但是由于其他的反映个人素质的要素难以测定，本研究仅以此做近似代替。

由于绝对数值的差距大小并不是实证需要的差异反映，因此为剔除绝对数值的差距大小的影响，本书对这两个指标数值进行排名，以此相对值作为最终实证的量化值。但是，在数据统计中这两个指标在五个省份的排名是相同的，因此，实证中最终只选定一个指标，即农村金融深化度指标，主要是在一定程度上反映了农村地区获得金融支持的程度。

4. 融资可得性的量化

融资可获得性的测量一直是理论研究的难题，直接的度量或存在数据难以获得的问题。一些实证分析尝试通过设计问卷调查的问题来研究农民的融资需求和行为，张建杰（2008）将农民信贷需求分为潜在信贷需求、发生信贷需求、意愿信贷需求三类；童馨乐（2011）以农民是否获得有效借贷机会和实际获得借款额度分析了刻画了农民借贷行为；汪昌云等（2014）以农民是否获得贷款和获得贷款的数额衡量了农民的信贷获得；徐璋勇（2014）将农民的有效信贷需求分为显性信贷需求和隐性信贷需求。

通过借鉴现有学者的研究，结合本研究的需要，本书将社员正规融资可获得性分为两个层次：一是社员获得正规融资的额度，表示社员正规贷款绝对额的获得，以农民2011~2013年3年获得正规贷款的总额表示。但是仅以绝对数额的获得来反映是不够的，不同地区、从事不同农业生产、不同生产规模的社员其对融资数额的需求程度是不同的。因此，以融资额度是否是社员感到满足的程度来作为社员正规融资可获得性的另一层表达。见表6-8。

表6-8　　　　　　社员融资可得性的观察变量及具体指标

观测变量	具体指标
获得融资额	0；1 = 0~5万元（含）；2 = 5万~10万元（含）；3 = 10万~20万元（含）；4 = 20万~50万元（含）；5 = 50万~100万元（含）；6 = 100万元以上
融资满足度	0；1 = (0, 0.2]；2 = (0.2, 0.5]；3 = (0.5, 0.8]；4 = (0.8, 1)；5 = 1

注：农民正规融资满足度 = $\dfrac{\text{近3年农民获得正规融资总额}}{\text{近3年农民融资的总需求额}}$，其中，总需求额的准确数值难以获得，本书以总需求额 = 获得正规贷款总额 + 非正规借款 + 准备借款总额，在调研问卷中，我们以根据"现有生产经营的资金需求，如果允许借款，您还想借多少钱？"来获得农民准备借款的额度数据。

6.2.3 社员样本可靠性性检验与描述性统计分析

1. 样本可靠性检验

运用SPSS20.0软件,采用克龙巴赫 a 系数(Cronbach's alpha)进行信度检验。总体信度值为 0.641,大于 0.6,是可接受的。

2. 样本描述性统计分析

本书运用SPSS20.0软件对样本观察变量进行描述性统计分析(见表6-9)。从结果来看,10个观察变量的均值来看,样本数据没有处于最小/最大的极端状况。从标准差来看,观察变量的标准差并没有存在较大差异。从峰度来看,6个观察变量(年龄、文化、固定资产、年收入、农村金融深化度、融资满足度)的绝对值都小于1,4个观察变量(增信影响力、社员身份、合作社的帮助、获得融资额)的绝对值大于1,但均没有大于3的极端峰态。从偏度来看,所有观察变量的绝对值均小于2,没有超过10的极端偏态。这表明所有观察变量都没有出现严重非正态,因而可以使用最大似然法拟合结构方程。见表6-9。

表6-9　　社员正规融资模型观察变量的描述性统计分析

观测变量	均值	标准差	最小值	最大值	偏度	峰度
年龄	3.48	1.308	1	5	-0.629	-0.667
文化	2.22	0.937	1	5	0.792	0.545
固定资产	1.96	1.973	0	7	0.701	-0.587
年收入	3.51	1.478	1	7	0.126	-0.590
增信影响力	3.59	1.575	1	6	-0.001	-1.238
社员身份	0.99	1.119	0	3	0.421	-1.465
合作社的帮助	0.38	0.485	0	1	0.515	-1.745
农村金融深化度	3.48	1.308	1	5	-0.629	-0.667
获得融资额	1.68	1.433	0	6	1.673	1.906
融资满足度	1.68	1.877	0	5	0.745	-0.846

6.2.4 社员正规融资理论模型与研究假设

在指标量化的基础上，本书构建社员正规融资理论模型（见图6-1），主要包括4个结构变量，分别为农民个人特征、合作社影响、地区农村金融深化度、融资可得性。变量之间的单向箭头表示决定因素对融资可得性的影响。这一模型构建的假设关系主要包括农户个人特征对融资可得性的影响关系、合作社影响对融资可得性的影响关系、地区农村金融深化度对融资可得性的影响关系。

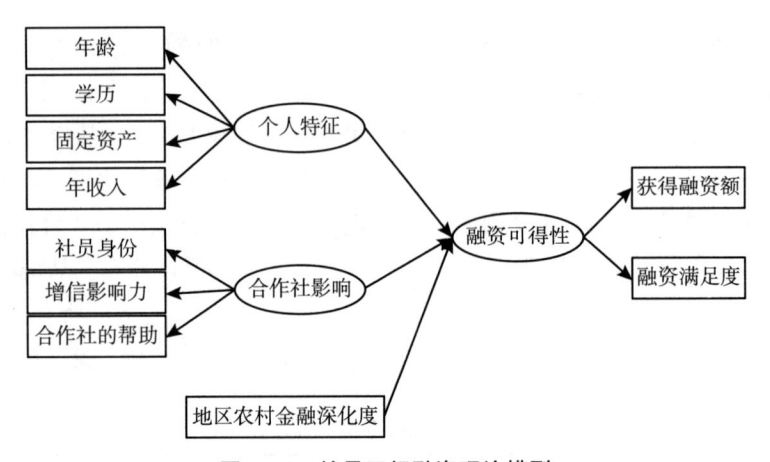

图6-1 社员正规融资理论模型

假设1：社员个人特质、合作社影响、地区农村金融深度是社员正规融资可得性的影响因素。

假设2：文化程度、固定资产、年收入、社员身份、增信影响力、合作社的帮助、地区农村金融深度与社员融资可得性正相关。

假设3：社员年龄与其正规融资可得性负相关。

6.2.5 社员正规融资模型的实证

1. 模型适配性检验

对路径分析模型进行整体适配性检验，将AMOS17.0输出的部分文字报表列表（见表 6-10）。比较模型拟合指数和可接受值，χ^2/df、RMSEA、AGFI 等绝对拟合指数数值都在可接受值的范围之内，说明样本数据拟合模型较好；NFI、CFI 等增值拟合指数数值也达到了标准要求值，进一步说明理论模型有较高的拟合程度。综上所述，社员正规融资模型拟合合理，可用于反映本书的调查数据所蕴含的信息。

表 6-10　　　　　　社员正规融资模型的评价指标及拟合结果

评价项目	实际 SEM 拟合值	结果
χ^2/df 是否小于 2	1.219	是
RMSEA 是都小于 0.08	0.025	是
AGFI 指数是否大于 0.9	0.991	是
NFI 指数是否大于 0.9	0.981	是
RFI 指数是否大于 0.9	0.935	是
IFI 指数是否大于 0.9	0.997	是
CFI 指数是否大于 0.9	0.996	是

2. 社员正规融资模型的拟合

社员正规融资模型的拟合结果如表 6-11 所示。模型拟合的参数估计 C.R. 值所对应的 P 值均在合理范围，表明可用模型中潜变量间路径系数的参数验证前文提出的假设，可用标准化路径系数的反映各因素的影响程度，社员正规融资模型的拟合结果见表 6-11。

表 6-11　　　　　　　社员正规融资模型的拟合结果

	路径	系数估计值	C.R. 值	P 值	标准化系数
结构模型	融资可得性←个人特征	3.043	25.977	0.000	0.821
	融资可得性←合作社影响	0.322	2.120	0.034	0.230
	融资可得性←农村金融深化度	0.093	1.877	0.059	0.100

续表

	路径	系数估计值	C. R. 值	P 值	标准化系数
测量模型	学历←个人特征	1.000	—	—	0.351
	年龄←个人特征	-0.407	-2.502	0.012	-0.154
	固定资产←个人特征	3.850	4.805	0.000	0.642
	年收入←个人特征	2.087	3.804	0.000	0.467
	社员身份←合作社影响	0.487	4.917	0.000	0.379
	增信影响力←合作社影响	1.000	—	—	0.555
	合作社的帮助←合作社影响	0.475	4.132	0.000	0.852
	获得融资额←正规融资	1.000	—	—	0.827
	融资满足度←正规融资	0.218	5.250	0.000	0.702

由表6-11的结构模型可以看出：

（1）农民个人特征、合作影响、农村金融深化度与农民融资可得性存在正相关关系，验证了假设1。

（2）农民学历、固定资产、年收入、增信影响力、社员身份、合作社的帮助与农民融资可得性的关系为正，验证了假设2。

（3）农民年龄与农民融资可得性的关系为负，验证了假设3。

6.2.6 社员正规融资可得性的实证结论及简要分析

1. 实证结论

社员正规融资可得性模型拟合结果表明了所有观察变量和潜变量（个人特征、合作社影响、农村金融深化度）之间的关系，此处将合作社影响社员正规融资可获得性的相关结论归纳如下。

（1）社员"获得贷款额"与"贷款满足度"对其正规融资可获得性的影响都是正向的。其中，"获得贷款额"的标准化因素负荷量为0.827，大于"贷款满足度"的标准化因素负荷量0.702，说明"获得贷款额"变量的贡献更大。

(2)"社员身份""增信影响力""合作社的帮助"对社员正规融资可获得性的影响都是正向的。其中,"合作社的帮助"的标准化因素负荷量为0.852,"增信影响力"的标准化因素负荷量为0.555,都远大于农民"社员身份"的标准化因素负荷量0.379,说明"合作社的帮助""增信影响力"变量的贡献更大。

(3)"合作社影响"对社员正规融资可获得性产生影响,且影响方向是正向的。其标准化因素负荷量为0.230,远小于社员"个人特征"带来的影响力度(0.821),这是符合现实的合理结果。正规金融机构在考察社员贷款条件的符合程度必然以社员个人特质为考察重点,农民合作社的影响只是辅助的。这一结果的意义在于,通过对样本的分析,可以得出农民合作社能够对农民正规融资产生影响且这一影响是积极的。

2. 对实证结论的简要分析

本书在量化农民合作社增信影响力的基础上,构建了社员正规融资的实证模型,通过对样本数据的拟合表明了合作社增信已经对社员正规融资的获得发挥了一定的促进作用。社员在合作社的分工合作实质上形成了不同紧密程度的两个层次利益联结,即理事长及核心社员与合作社间较为紧密一些的利益联结,普通社员与合作社之间较为松散的利益联结,这使得合作社为不同类型社员增信的作用效果有所不同,从实证结果来看,合作社对理事长及核心社员的增信影响更大一些,普通社员受到合作社增信的影响要较小一些。

本章对农民合作社增信效果现实检验的分析是在对五省样本合作社实证分析基础上进行的,是对如何进一步强化农民合作社增信研究的前提。只有对现实中农民合作社增信已经发挥的影响状况充分了解,才能够更加有针对性地提出强化农民合作社增信作用的建议。同时,对农民合作社增信效果现实检验的结果进一步表明,农民合作社增信是一个值得深入探讨的研究课题,因此本书具有较为重要的研究价值。

第 7 章
结论及强化增信的利益联结机制构建建议

7.1 研究结论

通过总结各部分的研究内容和分析结果,本研究归纳结论如下几点。

(1) 农民合作社增信机制的阐释主要包括两方面,一是在社员获贷前成为融资信息的传递者,减轻金融机构与社员间的信息不对称、降低交易成本;二是在社员获贷后作为履约的监督者,利用声誉机制和关联交易对其形成有效制约,降低金融机构对交易不确定性的预期。

信息不对称、交易不确定性以及高交易成本是农民正规融资的内生性约束条件,其实质上都指明了同一个问题,即农民在正规融资交易中的信用不足。农民合作社能够减轻正规金融机构对社员的信息不对称、降低与社员交易的成本、减少其与社员交易不确定性,从而发挥为社员增信的作用。具体来说,农民合作社是我国农村圈层社会中集农民日常活动与经济活动重合的特殊圈层,具有低成本获取和甄别社员信息的优势。农民合作社利用组织的社会资本与资产将社员融资的软信息进行转换,通过信号显示机制传递给金融机构,降低金融机构与社员间的信息不对称。同时,农民合作社是以与社员经济联系为纽带的组织,合作社与社员的重复经济交易有利于声誉机制和关联交易发挥作用,使之具有监督社员自履约的优势,从而对社员按时履约形成双重激励,能够有效降低金融机构对与社员交易不确定性的预期。

(2)按照是否承担社员借贷还款责任,农民合作社增信的运作模式主要分为三大类:转贷模式、承担社员借贷还款连带责任的模式、不承担社员借贷还款连带责任的增信模式。且从对社员增信力度的大小进行比较,以上三种模式增信力度依次降低。

在农民合作社增信运作的三大模式中,转贷模式是以农民合作社组织作为承贷主体向金融机构申请贷款,获得贷款后再转贷给其社员为主要特征;承担社员借贷还款连带责任模式以农民合作社为社员担保,并辅以传递社员信息和监督社员还款为主要特征;不承担社员借贷还款连带责任模式以农民合作社在社员融资中发挥辅助性作用为主要特征,如辅助金融机构对社员展开经济调查、对社员信用评级,帮助金融机构监督、催收还款等。其中,转贷模式是一种以组织信用直接替代个人信用的增信,是三种增信运作中增信力度最强的形式;承担社员借贷还款连带责任模式是一种以组织信用强化个人信用的增信,是仅次于转贷模式增信力度的形式;不承担社员借贷还款连带责任模式在实践运用中往往是同时嵌入基层村组织及村组织干部社会声誉和影响力的混合增信模式。在不同的增信运作模式中,农民合作社与社员的利益联结紧密程度不同、合作社自身的市场影响力也有所差异。

(3)利益联结对农民合作社增信产生差异性影响,主要表现在:一是不同利益联结机制的农民合作社增信能力存在差异;二是不同利益联结紧密程度对社员融资促进的效果不同。与社员利益联结越紧密,农民合作社的增信能力越强,增信意愿越强,对社员融资获得的促进作用越大;反之,则相反。

按照利益联结机制反映的农民合作社与社员利益联结紧密程度,由松散到紧密可划分为:生产过程的利益联结、销售过程的利益联结、产权的利益联结。其中,生产过程的利益联结分为技术与信息服务型和生产流程安排型两类;销售过程的利益联结分为销售买断型和销售合作型两类;产权的利益联结主要以股份合作为主要特征。利益联结机制差异对农民合作社增信能力的影响主要通过信息的对称性、声誉的传导替代性、自履约的激励性三个方面显现出来;利益联结机制差异也影响农民合作社为社员增信的意愿。具体来说,合作社与社员的利益联结越紧密,越有利于实现信息的充分对称、声誉的传递替代性越强、自履约的激励性越强,增信能力越强;合作社与社员的利益联结越紧密,合作社与社员的共荣共辱程度越深,合作社越愿意为社员增信,金融机构对合作社为社员增信行为的信任度越高;合作社与社员的利益联结越紧密,通过声誉机制和关联交易对社员违约实施惩罚的威慑程度越强,社员自履约的激励性越强。因此,本书得出结论:农民合作社与社员利益联结越紧密,对社员融资获得的促进作用越大。

(4) 实践中农民合作社增信对社员正规融资可获得性发挥了促进作用。

得出这一结论的过程分为三步:第一步是笔者通过对全国五省区(四川、山东、浙江、安徽、黑龙江)的田野调查,分别从当地金融机构及相关政府部门、农民合作社,以及社员等多方面的实地访谈中提炼归纳农民合作社对社员正规融资的促进作用的实践,形成直觉的经验认知,从中汲取理论研究的素材和数据;第二步,在对收集的田野调研的素材整理并进行理论分析的基础上,构建农民合作社增信能力的指标体系,通过结构方程模型的二阶因子分析方法,利用样本数据量化了农民合作社增信能力(即增信影响力)的指标数值,为最终检验农民合作社增信对社员正规融资影响的效果奠定基础;第三步,构建社员正规融资的实证方程,以社员自身的贷款条件为控制变量,将农民合作社增信影响力与社员差异引入社员正规融资方程中,通过对样本数据的拟合,最终得出这一结论。

本书认为,这一实证检验结果是具有一定的说服力的。首先,本书对问题的阐释是建立在对相关理论的借鉴和科学的逻辑推导基础上的;其次,五省的样本数据虽未遍及全国所有地区,但农民合作社发展的政策环境大体类似:党和国家对农村社会发展强有力的领导力和社会政治威信力、国家鼓励农民合作社发展的政策、农村金融体制改革发展环境,特别是新一轮农村金融改革的总体目标在各省间是统一的等,在这样背景下的抽样数据是具有相对较强的代表性的。因此,本书认为这一研究结论具有一定的说服力。

(5) 理事长与核心社员受农民合作社增信的促进作用更大,普通社员受到的促进作用较小。农民合作社增信效果产生差异的原因在于异质性社员与合作社的利益联结紧密程度不同。

农民合作社成员结构异质主要源于不同社员对合作社的投入的资源要素差异,进而表现为投入不同资源要素社员的利益目标和承担风险的不同,最终在利益分配和风险承担差异上得以体现。理事长与核心社员对农民合作社运营的投入相对较多，贡献较大，承担的专用性资产投资的风险更大，与合作社的共荣共辱程度更高，他们与合作社的利益联结较普通社员更加紧密，因此合作社增信对他们获得融资的促进作用更大。

7.2 强化增信的利益联结机制构建建议

社员能够获得金融机构的贷款是多方面因素作用的结果，而社员自身的经济实力是决定其能否获得正规贷款的决定性因素，但是在缺乏合作社为其传递信号的条件下，有经济实力的社员往往也难以从金融机构获得贷款。一方面，提高农民经济实力是缓解农民正规融资困境的重要方面；另一方面，提高农民正规融资的可得性又可以积极促进农民经济实力的提高。因此，构建紧密的利益联结机制以强化农民合作社的增信能力，进而提高农民正规融资的可得性，让更多的农民能够分享农业产业化发展下的收益，具有重要的意义。

7.2.1 封闭社员资格、促进利益联结稳定

制度是决定人们相互关系而人为设定制约的游戏规则（North，2008）。社员资格开放、进退自由的合作制度是传统经典合作社为同质性社员合作而制定的游戏规则，是以保护社员利益为出发点而进行的机制设计，但经典合作社却也因此一直面临经营资产不稳定、信用度下降的诟病。随着市场经济的发展与社会制度结构的变迁，农民合作社发展的市场环境发生变化，社会分化下参与合作的农民间差异逐渐增大，制度或规则也应顺应着改变。只有如此，合作社才能够实现社员间合作的稳定，适应环境生存下去。

20世纪70年代成功发展起来的北美新一代合作社，是在传统农业合作社面临自由市场竞争、成员异质下的困境而创新。北美合作社的社员资格的相对封闭，使得合作社的成员构成较为稳定，有助于合作社降低协调的成本、减少内耗，从而有利于其可持续发展。

北美合作社的社员身份是基于投入的股份而形成的，投入的股份大小不

同，社员身份也有所差异。此外，为了解决发展中的资金需求，北美合作社专门设定一类参与者的身份是资助者，并设计这类资助者以资助额分享合作社收益，而按非交易额（量）分享收益。因而，北美合作社社员之间并非是同质的，而是异质性的，合作社与社员的利益联结也是差异的。

北美合作社通过社员资格实施封闭，使得社员的交货权利受到一定限制，即只有征得理事会同意，社员才能够转让其交货权利，且交货权利只能在合作社内部社员间进行转让，禁止向合作社外部转让。这种设计实现了合作社资产的相对稳定。在此基础上，北美合作社以保证为社员服务的本质特性为前提，通过合理的利益联结机制，成功地实现了异质性社员间长期"合作"的稳定，进而实现可持续经营发展。

我国农民合作社也存在较为显著的成员异质特征，开放的社员资格影响了合作社利益联结机制的合理安排。在成员异质的农民合作社当中，若合作社利益联结机制不分新、老社员统一设计，新社员获得与老社员同样的利益获取权利，则必将对老社员激励不足，加剧搭便车行为，不利于合作社发展的可持续。若合作社利益联结机考虑新、老社员利益获取权力的差异，则开放的社员资格将使得合作社的利益联结机制处于频繁变动之中，不利于合作社的稳定发展。因此，根据我国农民合作社发展的现实，应逐步采取社员资格封闭的改进。

在市场经济发展环境下，金融对经济发展的支持日益重要。不解决融资问题，何言合作社发展与成长，没有合作社的发展成长，作为市场主体如何分享改革红利。而从融资角度讨论完全开放股权和完全民主管理的产权制度设计，不能保证合作社及社员在农业现代化的改革中分享改革红利。尤其是开放的社员资格在实践中使得金融机构无法清晰确定农民合作社的产权主体，严重影响了农民合作社在金融市场中作为信用主体存在的可置信性。所以合作社产权制度及其合作社治理形式上是怎样的，并不重要，重要的是能否建立一种利益机制保证合作社在实现合作社核心价值观的前提下，实现合作社成长。

7.2.2 坚持按交易额（量）分配收益、优化利益联结机制

合作社这种组织形式自诞生至今160多年的历史中，合作原则几经修改，

从1895年国际合作社联盟确立的"罗虚戴尔原则"到1966年修订新的"合作社原则",再到1995年提出"曼彻斯特原则","民主控制、按惠顾额分配盈余、资本报酬有限"的三点合作原则从未改变,是合作社的本质属性(任大鹏、郭海霞,2008)。其中,按惠顾额分配盈余和资本报酬有限是合作社利益联结区别与其他经济组织的重要区别。无论是传统经典的同质性合作社,还是异质性合作社,都是必须坚持的利益联结机制,否则合作社将失去真正意义上的合作本质,合作社也就不是"合作社"了。

但在异质性农民合作社中,社员的投入存在差异,利益诉求不同,核心社员的投入对合作社的运营和可持续发展贡献了不可或缺的力量,完全坚持按交易额(量)分配收益不利于对核心社员参与合作社的激励相容,因此应给予他们合理的利益激励。

北美合作社的成功发展与其设计的有利于异质性社员合作稳定的利益联结机制密不可分。北美合作社在利益分配制度上规定,社员凭借其投入的股本金大小分享利益,且社员股权投入大小须以交货权利匹配,换言之,社员须向合作社交付与股本相对应的确定数量的产品的权利和义务。这一在农产品市场价格有利于合作社经营时,交货权的权益特性突出,在初级农产品市场价格不利于合作社发展时,交货权更多是社员义务的体现。这样就较好的实现了社员惠顾与风险分担的均衡、体现了合作社利益共同体的机制。这一利益联结机制设计对我国农民合作社的发展也是一个较好的借鉴。

笔者认为,我国农民合作社在利益联结机制设计上,可考虑"按交易额(量)为主+其他方式"为主的利益分配。其中,按交易额(量)分配收益是合作社使用者与惠顾者同一的合作本质的重要体现。只有坚持这一利益分配制度,才能够保持合作社"合作"的质性特征,使之区别于其他类的经济组织。在异质性条件下,按交易额分配更多体现的是与普通社员的利益共享,缩小了社员间利益的差距。而其他方式的利益分配也是合作社实现稳定发展的重要考量。在异质性农民合作社中,核心社员的投入对合作社的运营和可持续发展贡献了不可或缺的力量,对核心社员必须给予合理的利益激励。

7.2.3 开展项目合作、创新异质性农民合作社的利益联结

传统同质性合作社坚持"一人一票"的民主管理原则,这就意味着合作

社拒绝以逐利为目的的资本加入合作社。因为"一人一票"的投票方式是一种绝对平等的民主管理方式，体现了合作社是以人为本的企业，它是人支配资本，而不是资本雇佣人。对于弱势群体的农民来说，这是保护自己利益的一种方式（王文献，2007），这一原则符合合作社伦理精神（蒋玉珉，2002）。但是，我国农民合作社是在市场经济环境下发展起来。市场经济条件下，资本的伦理大行其道，持合作伦理的企业要在市场上与持资本伦理的企业交易和竞争。资本的伦理是——资本是承担风险的、任何投资要体现"风险/收益"匹配原则。以此为特质的资本若要进入"一人一票"原则的同质性合作社，则要接受放弃剩余索取权和剩余控制权，又要接受民主管理带来的低资本报酬率。这样，市场经济伦理主导下的资本进入"一人一票"原则的同质性合作社是缺乏动力和激励的。

实际上，为了满足组织化发展所需的稀缺性资本资源，我国农民合作社大多倾向于资本化的产权结构，并设计了以资本参与利益分配为主导的利益分配方式。而对大多数的参与者农民来说，自身条件对资本的匮乏使得其难以获得农民合作社这种产业组织化运作下的利益分享，进而影响了我国农民合作社运作的稳定。

从合作社自身发展来看，这种利益联结机制较难达成所有社员均满意的组织治理和利益分配。特别是当合作社制度极度倾向于其中一部分社员时，容易造成一些社员缺乏参与动力和激励而最终选择退出，合作社甚至面临垮台的威胁，从而影响了自身的可持续发展，也不利于农业组织化的发展。此外，合作社也难以对外部形成较大的社会影响，间接影响着外部资源获取、参与经济活动的实力和竞争力等各方面。

从合作社发展需要资金支持来看，一部分社员与合作社利益联结紧密；另一部分社员与合作社利益联结松散，进而在融资活动中，与合作社利益联结紧密的社员受合作社对其增信的影响程度较大，与合作社利益联结松散的社员受的影响较小。因此，不利于以合作社为增信中介作为缓解农民融资困境模式进而推进普惠金融的发展。并且，作为本身就是融资需求主体之一的合作社，这种非利益共同体的内部结构也不利于其自身融资资金的获取。

通过田野调查，笔者发现，基于项目合作而发展起来的利益联结创新机制能够较大程度上稳定异质社员间的合作，实现了较为紧密的利益联结机制创新。笔者以调查的案例进行说明。

山东某南瓜种植合作社于 2004 年成立，是典型的成员异质合作社，表现为：①合作社由 5 名南瓜种植大户领办，他们是仅有的资金要素投入者，共出资 50 万元，其余 145 名成员均无出资。②出资最多者是合作社理事长，5 名领办人是理事会和监事会的全部成员，他们负责合作社的管理、运营和产品销售，贡献了人力资本和社会资本要素。③合作社共同销售产品，但实行差异性的收益分配制度，即按交易额（70%）＋现金股（30%）进行分配。普通社员按照与合作社的交易额分配收益，而核心社员除按交易额分配的收益之外，还享有按出资股份分享收益的权力，这显然表明了合作社与 5 名出资的核心社员利益联结更加紧密，而与普通参与的社员利益联结相对松散。但该合作社通过 2013 年初实施的南瓜储藏加工基地建设项目，通过构建紧密的利益联结机制成功筹集成员资金 70 万元，解决了合作社发展的资金困境。

这一通过内部融资解决合作社组织融资困难的案例也是一个合作社"利益共享、风险共担"利益联结机制的案例。从该案例来看，基于项目合作的利益联结具有以下特点。

（1）项目的利益导向是共同的。农产品市场是最接近于完全竞争的市场，任何单独的市场交易参与者都无法控制价格和产量。在南瓜上市的季节，该合作社将可能面临或销售收入过低造成入不敷出，或市场南瓜丰收，造成产品滞销的两难境地。南瓜储藏加工基地的建立不仅可以有效地延长南瓜的保存期限，使得合作社能够"从容"地择市、择时交易，而且有助于合作社产业链发展的延伸，增加了产品的附加值。南瓜储藏基地的建设能够使得所有社员有效规避市场价格波动的风险，项目的实施是以全体社员共同利益为出发点而建的。

（2）项目的利益充分共享、风险充分共担。合作社在筹集南瓜储藏基地建设资金时，项目所需资金的 60% 由核心成员出借，40% 由普通成员出借，其中，普通成员资金出借量与成员和合作社的交易额挂钩，同时，所有社员的资金均享受银行同期存款利率水平价格。这种筹资方式使得所有社员都能够充分享有储藏基地建设而形成的未来收益增加和经营风险降低，而出资比例的确定也使得所有社员承担与收益相匹配的风险，因而在储藏基地建设项目上实现了较为紧密的利益联结。

异质性农民合作社社员的利益目标差异是既定事实，但是当合作社构建的新"项目"是基于所有成员的利益时，合作社就具备了构建紧密利益联结机制的基础；通过基于项目合作的利益共享与风险分担可以形成紧密的利益联结，是异质性合作社利益联结机制的创新。而这种紧密的联结机制才能够更加有力地促进农民合作社增信的动力和能力。

7.2.4 深化产权合作、打造利益共同体

产权，是财产权利的简称；对企业来说，剩余控制权和剩余索取权是产权的具体体现（林坚，2007）。剩余控制权和剩余索取权是决定企业利益分配的核心。如前文的研究，对于农民合作社来说，产权的利益联结是最为紧密的一种利益联结，但现实中我国农民合作社的利益联结问题不在于是否采取产权形式，而在于合作社的产权利益联结的深度拓展。

从既有的研究和笔者的调查来看，绝大多数异质性农民合作社的产权联结仅限于核心社员之间，普通社员难以进入。一些学者的研究也证实了这一现象，如马丁丑（2011）通过对样本合作社的统计发现，合作社参与成员除发起人和核心社员外，其他社员主要以低收入劳动者为主，以现金入股的比例仅为38.34%；张龙耀（2012）也指出非核心成员"入社不入股"的现象普遍存在。笔者在2012年对内蒙古自治区农民合作社的实地调查证实了这一点[①]。

在笔者调查的所有农民合作社中，86.67%的合作社资产是由人数占比少于20%的成员出资的，而出资成员人数占比小于5%的合作社达53.33%（见表7-1）。这种合作社建设发展资本要素投入绝大部分来自核心成员的投入的现象，使得合作社的所有权实际上是归这些少数的出资成员（也即核心成员）所有。并且，无论是合作社内部的普通成员，还是合作社外部的所有关系者，都只将合作社所有权视为核心成员所有，却未曾将合作社所有权视作所有成员共有。在这种产权结构下，合作社的治理结构必定是偏于核心社员，换言之，剩余索取权和剩余控制权格局必然是倾斜的，从而形成一个较

[①] 本部分内容取自笔者已发表的论文《基于利益共享机制构建的异质性合作社内部融资路径分析》，载于《金融理论与实践》2015年第2期。

为松散的利益联结,不利于合作社稳定可持续发展,不利于合作社增信作用的发挥。

表7-1　内蒙古自治区样本合作社出资情况(2012年)

出资人数占社员总数比例的分布(X)	最大出资人对最小出资人出资金额倍数分布(Y)				合计
	Y≤5	5<Y≤30	30<Y<100	Y≥100	
X=100%	6.67%	0	0	6.67%	13.33%
20%<X<100%	0	0	0	0	0
13%<X≤20%	0	0	0	20.00%	20.00%
5%<X≤13%	6.67%	0	6.67%	0	13.33%
X≤5%	20.00%	13.33%	13.33%	6.67%	53.33%
合计	33.33%	13.33%	20.00%	33.33%	100.00%

基于产权的利益联结有利于打造社员与合作社间的"利益共同体",以产权联结为基础的利益联结更加有利于社员的风险共担,而利益共享则实现了按资分配(股息)和按劳分配(交易量、贡献程度)相结合。从资源配置和经营效率角度来看,对于提高合作社成员的积极性、提高资源配置效率有激励和促进作用。

但是,加强基于产权的利益联结是以资本联合为基础的,而合作经济本质"使用者与惠顾者同一"的重要体现之一在于按交易额(量)分配收益,因此,农民合作社应对利益分配机制加以规范。否则可能会使资本联合的利益驱逐劳动联合的利益,使合作社异化成为股份制企业性质。因此在加强以产权联结为基础的深度合作,确保在保证合作经济的本质下,应以审慎的态度,逐步推行。

参考文献

中文部分

[1] 边燕杰,丘海雄. 企业的社会资本及其功效 [J]. 中国社会科学,2000 (2): 87 - 99.

[2] 陈明. 圈层社会:村民自治研究一项新的理论尝试——基于"圈层"与农村社会研究单位的创新 [J]. 理论与改革,2011 (6): 28 - 33.

[3] 程恩江,刘西川. 小额信贷缓解农户正规信贷配给了吗?——来自三个非政府小额信贷项目区的经验证据 [J]. 金融研究,2010 (12): 190 - 206.

[4] 崔宝玉,陈强. 资本控制必然导致农民专业合作社功能弱化吗? [J]. 农业经济问题,2011 (2): 8 - 15.

[5] 道格拉斯·C. 诺思. 制度、制度变迁与经济绩效 [M]. 上海:格致出版社,上海三联书店,上海人民出版社,2008.

[6] 邓俊淼. 农民专业合作组织推动农户融资模式研究——基于河南省社旗农"民专业合作社 + 农村信用社"模式的考察 [J]. 农村经济,2010 (9): 58 - 61.

[7] 邓伟平. 农户资金需求、融资困境和出路——基于对农民专业合作社的调查 [J]. 南方金融,2014 (11): 59 - 63.

[8] 董晓林,吴昌景. 四大担保模式化解农民贷款难题 [J]. 农业经济问题,2008 (9): 35 - 40.

[9] 杜晓山. 当前农村金融存在四大问题 [N]. 人民政协报,2011 -

11-02.

[10] 费孝通. 乡土中国 [M]. 上海：上海世纪出版集团，2007.

[11] 冯开文. 合作社的分配制度分析 [J]. 学海，2006（5）：22-27.

[12] 高钰玲. 农民专业合作社服务功能理论与实证研究 [D]. 杭州：浙江大学，2014.

[13] 顾宁，范振宇. 农户信贷需求结构分析 [J]. 农业经济问题，2012（8）：73-78.

[14] 韩喜平，金运. 中国农村金融信用担保体系构建 [J]. 农业经济问题，2014（3）：37-47.

[15] 何广文，冯兴元. 中国农村金融发展与制度变迁 [M]. 北京：中国财政经济出版社，2005.

[16] 何广文. 合作社农村金融服务参与模式及其创新 [J]. 中国合作社经济，2012（10）：21-23.

[17] 何广文. 合作社农村金融服务参与模式及其创新 [J]. 中国农村信用合作，2009（5）：26-28.

[18] 何广文. 解决农村弱势群体贷款融资难问题的逻辑思路 [J]. 中国农村金融，2010（1）：17-19.

[19] 何广文. 以金融创新促进农村信用社小额贷款业务健康发展 [J]. 中国农村信用合作，2002（2）：19-20.

[20] 何广文. 中国农村金融供求特征及均衡供求的路径选择 [J]. 中国农村经济，2001（10）：40-45.

[21] 洪正，王万峰，周轶海. 道德风险、监督结构与农村融资机制设计——兼论我国农村金融体系改革 [J]. 金融研究，2010（6）：189-206.

[22] 胡士华. 农村非正规金融发展问题研究 [D]. 重庆：西南大学，2007.

[23] 胡士华. 农村信贷融资中的担保约束及其解除 [J]. 农业经济问题，2006（2）：68-71.

[24] 胡士华，武晨笛，许静林. 基于贷款监督技术的农户融资机制研究 [J]. 农业技术经济，2012（11）：10-18.

[25] 黄珺，朱国玮. 异质性成员关系下的合作均衡——基于我国农民

合作经济组织成员关系的研究 [J]. 农业技术经济, 2007 (5): 38-43.

[26] 黄胜忠, 伏红勇. 成员异质性、风险分担与农民专业合作社的盈余分配 [J]. 农业经济问题, 2014 (8): 57-64.

[27] 黄胜忠. 农民专业合作社的运行机制分析 [J]. 商业研究, 2009 (10): 121-124.

[28] 黄胜忠, 徐旭初. 成员异质性与农民专业合作社的组织结构分析 [J]. 南京农业大学学报 (社会科学版), 2008 (9): 1-7.

[29] 黄祖辉, 高钰玲. 农民专业合作社服务功能的实现程度及其影响因素 [J]. 中国农村经济, 2012 (7): 4-16.

[30] 黄祖辉, 邵科. 合作社的本质规定性及其漂移 [J]. 浙江大学学报 (人文社会科学版), 2009 (4): 10-15.

[31] 黄祖辉. 中国农民合作组织发展的若干理论与实践问题 [J]. 中国农村经济, 2008 (11): 4-7.

[32] 霍学喜, 屈小博. 西部传统农业区域农户资金借贷需求与供给分析——对陕西渭北地区农户资金借贷的调查与思考 [J]. 中国农村经济, 2005 (8): 58-66.

[33] 蒋玉珉. 当代合作社原则是中国合作社的立法基础 [J]. 学术界, 2006 (3): 54-58.

[34] 孔祥智, 蒋忱忱. 成员异质性对合作社治理机制的影响分析——以四川省井研县联合水果合作社为例 [J]. 农村经济, 2010 (9): 8-11.

[35] 孔祥智. 金融支持与农民专业合作社发展 [J]. 中国农村信用合作, 2007 (3): 32-33.

[36] 孔祥智, 史冰清, 钟真. 中国农民合作社运行机制与社会效应研究——百社千户调查 [M]. 北京: 中国农业出版社, 2012.

[37] 郎波. 农村金融与担保机制研究 [D]. 成都: 西南财经大学, 2013.

[38] 李尚勇. 农民合作社的制度逻辑——兼谈其发展存在的问题 [J]. 农业经济问题, 2011 (7): 73-81.

[39] 林坚, 黄胜忠. 成员异质性与农民专业合作社的所有权分析 [J]. 农业经济问题, 2007 (10): 12-17.

[40] 林毅夫. 缓解"三农"问题要靠金融创新 [J]. 中国农村信用合作, 2006 (3): 16-17.

[41] 林毅夫. 破解中国农村金融短板的新思路 [N]. 中国经济时报, 2007, 10 (9).

[42] 刘赐良, 陈鹏. 农村商业金融与熟人社会信用联结机制——双水村担保合作社模式 [J]. 金融发展评论, 2011 (1): 127-141.

[43] 刘西川, 程恩江. 中国农业产业链融资模式——典型案例与理论含义 [J]. 财贸经济, 2013 (8): 47-57.

[44] 罗必良. 合约理论的多重境界与现实演绎: 粤省个案 [J]. 改革, 2012 (5): 66-82.

[45] 马丁丑. 欠发达地区农民专业合作社融资现状及问题分析——基于对甘肃省示范性农民专业合作社的抽样调查 [J]. 农村金融研究, 2011 (2): 64-68.

[46] 马九杰, 周向阳, 陆建云. 担保抵押制度改革与农村金融产品及服务创新 [J]. 沈阳农业大学学报 (社会科学版), 2011 (6): 659-665.

[47] 潘婷, 何广文, 潘淑娟. 基于利益共享机制构建的异质性合作社内部融资路径分析 [J]. 金融理论与实践, 2015 (2): 1-6.

[48] 秦红松. 农户贷款担保困境及破解机制研究——以重庆市为例 [D]. 重庆: 西南大学, 2014.

[49] 秦中春. 农民专业合作社制度创新的一种选择——基于苏州市古尚锦碧螺春茶叶合作社改制的调查 [J]. 中国农村经济, 2007 (7): 60-66.

[50] 青木昌彦. 比较制度分析 [M]. 上海: 上海远东出版社, 2001.

[51] 邵科, 徐旭初. 成员异质性对农民专业合作社治理结构的影响——基于浙江省88家合作社的分析 [J]. 西北农林科技大学学报 (社会科学版), 2008 (3): 5-9.

[52] 孙亚范. 农民专业合作经济组织利益机制及影响因素分析——基于江苏省的实证研究 [J]. 农业经济问题, 2008 (9): 48-56.

[53] 孙亚范. 农民专业合作社运行机制与产权结构: 江苏205个样本 [J]. 改革, 2011 (12): 85-92.

[54] 孙亚范, 余海鹏. 农民专业合作社成员合作意愿及影响因素分析

[J]. 农业经济问题,2012(6):48-58.

[55] 孙艳华,周力,应瑞瑶. 农民专业合作社增收绩效研究——基于江苏省养鸡农户调查数据的分析[J]. 南京农业大学学报(社会科学版),2007(6):22-27.

[56] 孙颖,林万龙. 市场化进程中社会资本对农户融资的影响——来自CHIPS的证据[J]. 金融研究,2013(4):26-34.

[57] 田秀娟,王玮. 信贷担保视野的农户与中小企业农村融资绩效[J]. 改革,2010(10):135-141.

[58] 田秀娟,吴滋兴,王玮. 农村社区互助合作担保机构运行机制——以福建省霞浦县石湖农业发展担保公司为案例[J]. 农业经济问题,2010(6):60-65.

[59] 田艳丽,修长柏. 牧民专业合作社利益分配机制与绩效的典型相关分析——以内蒙古自治区为例[J]. 农业现代化研究,2014(11):727-732.

[60] 童馨乐,褚保金,杨向阳. 社会资本对农户借贷行为影响的实证研究——基于八省1003个农户的调查数据[J]. 金融研究,2011(12):177-191.

[61] 汪昌云,钟腾,郑华懋. 金融市场化提高了农户信贷获得吗?——基于农户调查的实证研究[J]. 经济研究,2014(10):33-45.

[62] 王定祥,田庆刚,李伶俐,王小华. 贫困型农户信贷需求与信贷行为实证研究[J]. 金融研究,2011(5):124-138.

[63] 王静,霍学喜,周宗放. 农民专业合作组织模式下农户融资担保机制研究[J]. 农村经济,2011(1):78-81.

[64] 王军. 中国农民专业合作社社员机会主义行为的约束机制分析[J]. 中国农村观察,2011(5):25-32.

[65] 王文献. 我国新型农民专业合作社融资问题研究[D]. 成都:西南财经大学,2007.

[66] 魏姗. 农民专业合作社利益联结及其影响因素研究[D]. 西安:西北农林科技大学,2009.

[67] 吴汉洪,徐国兴. 信用本质的经济学分析[J]. 中国人民大学学

报，2004（4）：56-62.

［68］武翔宇．我国农村金融联结制度的设计［J］．金融研究，2008（8）：156-165.

［69］夏冬泓，杨杰．合作社收益及其归属新探［J］．农业经济问题，2010（4）：33-40.

［70］辛德树，刘学忠，兰澄世．农村信贷"中介——担保人"问题的制度经济学解说［J］．农业经济，2005（12）：46-47.

［71］熊学萍，阮红新，易法海．农户金融行为、融资需求及其融资制度需求指向研究——基于湖北省天门市的农户调查［J］．金融研究，2007（8）：167-181.

［72］徐龙志，包忠明．农民合作经济组织的优化：内部治理及行为激励机制研究［J］．农村经济，2012（1）：112-116.

［73］徐旭初．合作社文化：概念、图景与思考［J］．农业经济问题，2009（11）：90-97.

［74］徐旭初，贾广东，刘继红．德国农业合作社发展对中国的几点启示［J］．农村经营管理，2008（5）：38-42.

［75］徐旭初．农民专业合作经济组织的制度分析［D］．杭州：浙江大学，2005.

［76］徐旭初．中国农民合作社发展何以特殊［J］．中国农民合作社，2014（5）：31.

［77］徐璋勇，杨贺．农户信贷行为倾向及其影响因素分析——基于西部11省（区）1664户农户的调查［J］．中国软科学，2014（3）：45-56.

［78］颜华，冯婷．农民专业合作社普通成员的利益实现及保障机制——基于黑龙江省25家种植业合作社的调查［J］．农业经济问题，2015（2）：34-39.

［79］杨军．农民合作社异化的成因及趋势［J］．农村经济，2012（7）：118-121.

［80］叶敬忠，朱炎洁，杨洪萍．社会学视角的农户金融需求与农村金融供给［J］．中国农村经济，2004（8）：31-37.

［81］于会娟，韩立民．要素禀赋差异、成员异质性与农民专业合作社

治理 [J]. 山东大学学报（哲学社会科学版），2013（2）：150 – 154.

[82] 苑鹏. 中国特色的农民合作社制度的变异现象研究 [J]. 中国农村观察，2013（3）：40 – 46.

[83] 张建杰. 农户社会资本及对其信贷行为的影响——基于河南省397户农户调查的实证分析 [J]. 农业经济问题，2008（9）：28 – 34.

[84] 张龙耀，程恩江. 我国农民专业合作经济组织融资问题研究 [J]. 金融发展评论，2012（2）：56 – 77.

[85] 张龙耀. 农民专业合作社融资：理论研判和案例探析 [J]. 中国农村金融，2012（9）：56 – 77.

[86] 张维迎. 博弈论与信息经济学 [M]. 上海：上海人民出版社，2001：569.

[87] 张维迎. 法律制度的信誉基础 [J]. 经济研究，2002（1）：3 – 13.

[88] 赵彩云，王征兵，邹润玲. 农民专业合作社利益机制及其绩效实证分析——以陕西省为例 [J]. 农村经济，2013（10）：121 – 125.

[89] 赵泉民，李怡. 关系网络与中国乡村社会的合作经济——基于社会资本视角 [J]. 农业经济问题，2007（8）：40 – 46.

[90] 赵晓峰，何慧丽. 农村社会阶层分化对农民专业合作社发展的影响机制分析 [J]. 农业经济问题，2012（12）：38 – 43.

[91] 赵晓峰. 农民专业合作社制度演变中的"会员制"困境及其超越 [J]. 农业经济问题，2015（2）：27 – 33.

[92] 赵学军. 信用担保制度的变迁与农户融资的困境——兼论农村金融体系建设中担保体系建设优先性 [J]. 中国经济史研究，2014（4）：129 – 140.

[93] 郑丹. 农民专业合作社盈余分配状况探究 [J]. 中国农村经济，2011（4）：71 – 80.

[94] 钟春平，孙焕民，徐长生. 信贷约束、信贷需求与农户借贷行为：安徽的经验证据 [J]. 金融研究，2010（11）：189 – 205.

[95] 周崇安. 农户信贷需求的调查与评析：以山东省为例 [J]. 金融研究，2010（2）：195 – 206.

[96] 周天芸，周彤. 中国农村人际圈层与抵押替代的实证分析 [J]. 中

国农村观察，2012（1）：46-52.

[97] 周振，孔祥智. 盈余分配方式对农民合作社经营绩效的影响——以黑龙江省克山县仁发农机合作社为例 [J]. 中国农村观察，2015（5）：19-29.

英文部分

[1] Aders A. Instituting Effective Linkages between the Formal and the Informal Financial Sectors in African: A Proposal [J]. Savings and Development, 1995 (1): 5-27.

[2] Aghion P, Bolton P. An Incomplete Contracts Approach to Financial Contra-cting [J]. Review of Economic Studies, 1992.

[3] Aghion P, Bolton P. A Theory of Trickle - Down Growth and Development [J]. Review of Economic Studies, 1997 (64): 151-172.

[4] Akerlo G A. The Market for "Lemons": Quality Uncertainty and the Market Mechanism. Quarterly [J]. Journal of Economics, 1970 (3): 488-500.

[5] Arrow K J. Uncertainly and the Welfare Economics of Medical Care [J]. American Eco-nomic Review, 1963 (5): 942-973.

[6] Bai C, Lu J, Tao Z. Property Rights Protection and Access to Bank Loans [J]. Economics of Transition, 2006, (14): 611-628.

[7] Barro R J. The Loan Market, Collateral, and Rates of Interest, Journal of Money [J]. Cr-edit and Banking. 1976 (4): 439-456.

[8] Bell C. Credit Markets, Contracts, and Interlinked Transactions [J]. Handbook of Develop-ment Economics 1988 (1): 381-423.

[9] Berger L A. Word-of-mouth reputations in auto insurance markets [J]. Journal of Eco-nomic Behavior & Organization, 1988 (9): 225-234.

[10] Bijman J, lliopoulos C, Poppe K J, et al. Support for Farmers' Cooperatives. EU synthesis and comparative analysis report Transnational Cooperatives, 2012.

[11] Bravennan, Avishay, and Joseph E. Stiglitz. Sharecropping and the Interlinking of Agrarian Markets [J]. American Economic Review, 1982 (4): 695-715.

[12] Casson M. The Economics of Business Culture: Game Theory, Transac-

tion Costs. and Economic Performance [M]. Oxford: Clarendon Press, 1991.

[13] Chaddad F R, Cook M L. Understanding New Cooperative Models: An Ownership Co-ntrol Rights Typology [J]. Applied Economic Perspectives and Policy, 2004, 26 (3): 348.

[14] Chan Y – S, Kantas G. Asymmetric Valuations and the Role of Collateral in Loan Agreements [J]. Journal of Money, Credit and Banking, 1985 (1): 84 – 95.

[15] Cole H L, Kehoe P J. Reputation Spillover across Relationships: Reviving Reputation Models of Debt [J]. NBER Working Paper No. 5486, 1996.

[16] Coleman J S. Foundation of social theory. Cambridge [M]. MA: Harvard University Press, 1990.

[17] Conning J. Financial Contracting and Intermediary Structures in a Rural Credit Market in Chile: A Theoretical and Empirical Analysis [D]. Doctoral Dissertation, Yale University, 1996.

[18] Conning J, Udry C. Agricultural Development: Farmers, Farm Production and Farm Markets [J]. Handbook of Agricultural Economics, 2007 (3): 2857 – 2908.

[19] Fukuyama F. Social capital and civil society [J]. IMF Working Paper, WP/00/74, 2000.

[20] Granovetter M. Economic Action and Social Structure: The Problem of Embeddedness [J]. Ame-rican Journal of Sociology, 1985, 191 (3): 481 – 510.

[21] Hansmann H. The Ownership of Enterprise. Cambridge [M]. MA: The Belknap Press of Har-vard University Press, 1996.

[22] Holmstrom B. Moral Hazard and Observability [J]. Bell Journal of Economics, 1979 (10): 74 – 91.

[23] Holmstrom B, Tirole J. Financial Intermediation, Loanable Funds and Real Sector [J]. Qua-rterly Journal of Economics, 1997, 112 (3): 663 – 691.

[24] Jain S. Symbiosis vs. Crowding – Out: The Interaction of Formal and Informal Credit Markets in Developing Countries [J]. Journal of Development Eco-

nomics, 1999 (2): 419 - 444.

[25] Jia X, Huang J. Contractual arrangements between farmer cooperatives and buyers in China [J]. Food policy, 2011 (5): 656 - 666.

[26] Keeton W. Equilibrium Credit Ratioing [M]. New York: Garland Press. 1979.

[27] Kreps D, Wilson. Reputation and Imperfect Information [J]. Journal of Economic Theory, 1982 (27): 253 - 279.

[28] Ostrom E. Governing the Commons: The Evolution of Institutions for Collective Action [M]. New York: Cambridge University Press, 1990.

[29] Putnam R D. Making democracy: work: Civic traditions in modern Italy [M]. Princeton: Princeton University Press, 1993.

[30] Stiglitz J, Weiss A. Credit rationing in markets with imperfect information [J]. American Economics Review. 1981 (6): 393 - 410.

[31] Uzzi B, Gillespie J J. Knowledge spillover in corporate financing networks: Embeddedness and the firm's debt performance [J]. Strategic Management Journal, 2002, 23 (7): 595 - 598.

[32] Uzzi B. Social structure and competition on interfirm network: The paradox of embeddedne-ss [J]. Administrative Science Quarterly, 1997 (42): 35 - 67.

[33] Woolcock M. Micro enterprise and social capital: a framework for theory [J]. research and poli-cy. Journal of Social Economics, 2002 (32): 193 - 198.

[34] Woolcock M. Social capital and economic development: toward a theoretical synthesis and policy framework [J]. Theory and society, 1998 (27): 151 - 208.

附录1 不同利益联结紧密程度对社员正规融资可得性的影响

1. 理论模型

假定贷款者市场（银行和合作社）可以自由进入和退出，即为完全竞争性市场，则信贷市场均衡时，对于拥有增信价值为 A 的社员而言，最优的借贷合约（m_i, C_i, B_i）是解决以下最优化问题：

$$\underset{m_i, C_i, q}{\text{Max}} \ (E(m_i \mid p^H))$$

$$\text{s.t.} \ E(B_i \mid p^H) \geqslant r \cdot L \qquad \text{公式}(4-1)$$

$$E(C_i \mid p^H) - q \geqslant 0 \qquad \text{公式}(4-2)$$

$$E(m_i \mid p^H) \geqslant E(m_i \mid p^L) + B(q) \qquad \text{公式}(4-3)$$

$$E(C_i \mid p^H) - q \geqslant E(C_i \mid p^L) \qquad \text{公式}(4-4)$$

$$B_f \leqslant A \qquad \text{公式}(4-5)$$

上述的约束条件中，约束条件公式（4-1）表示银行从事该融资交易的参与约束，即银行向社员发放贷款所获得的期望收益至少要大于或等于该笔资金在完全竞争市场条件下的机会成本。约束条件公式（4-2）表示合作社参与该融资交易的参与约束，即合作社对来自项目贷款的期望收益至少要大于或等于对社员实施监督所花费的成本 q。约束条件公式（4-3）表示社员的激励相容条件，即选择努力的收益至少大于或等于选择偷懒下的期望收益与所获私人利益之和，这样社员才有充分的激励选择努力工作。约束条件公式（4-4）是合作社参与交易的激励相容条件，其表示合作社对社员监督后的期望收益须大于或等于不实施监督下的期望收益，这样合作社对社员进行监督的激励。约束条件公式（4-5）表示，在项目失败时，银行获得的收益最大为增信的价值 A，即银行在该交易中获得补偿不能超过增信价值 A。

附录 1 | 不同利益联结紧密程度对社员正规融资可得性的影响

2. 理论模型推导

由公式 (4-1)，$E(B_i | p^H) \geq r \cdot L$，且 $B_i = Y_i - m_i - C_i$，有：

$p^H \cdot B_s + (1-p^H) \cdot B_f = p^H \cdot (Y_s - m_s - C_s) + (1-p^H) \cdot (Y_f - m_f - C_f) \geq r \cdot L$

即，$p^H \cdot Y_s + (1-p^H) Y_f - [p^H \cdot m_s + (1-p^H) \cdot m_f] - [p^H \cdot C_s + (1-p^H) \cdot C_f] \geq r \cdot L$

$$E(Y | p^H) - E(m_i | p^H) - E(C_i | p^H) \geq r \cdot L$$

得，

$$E(m_i | p^H) + E(C_i | p^H) \leq E(Y | p^H) - r \cdot L \qquad 公式 (4-6)$$

由公式 (4-2)，$p^H \cdot C_s + (1-p^H) \cdot C_f - q \geq 0$

得，

$$p^H \cdot C_s + (1-p^H) \cdot C_f \geq q \qquad 公式 (4-7)$$

由公式 (4-3)，$p^H \cdot m_s + (1-p^H) \cdot m_f \geq p^L \cdot m_s + (1-p^L) \cdot m_f + B(q)$

得，

$$m_s - m_f \geq \frac{B(q)}{\Delta p} \qquad 公式 (4-8)$$

由公式 (4-4)，$E(C_i | p^H) - q \geq E(C_i | p^L)$

$p^H \cdot C_s + (1-p^H) \cdot C_f - q \geq p^L \cdot C_s + (1-p^L) \cdot C_f$

得，

$$C_s - C_f \geq \frac{q}{\Delta p} \qquad 公式 (4-9)$$

由公式 (4-5)，$B_f \leq A$

$$B_f = Y_f - m_f - C_f$$

而，$Y_f = 0$

则，$-m_f - C_f \leq A$

得，

$$m_f + C_f \geq -A \qquad 公式 (4-10)$$

进一步地，由公式 (4-7) 和公式 (4-9)，得到，

$$C_s = q + (1-p^H) \cdot \frac{q}{\Delta p} \qquad 公式 (4-11)$$

$$C_f = q - p^H \cdot \frac{q}{\Delta p} \qquad 公式（4-12）$$

由公式（4-10）和公式（4-11），得到，

$$m_f = -A - q + p^H \cdot \frac{q}{\Delta p} \qquad 公式（4-13）$$

由公式（4-8）和公式（4-13），得到，

$$m_s = -A - q + p^H \cdot \frac{q}{\Delta p + \frac{B(q)}{\Delta p}} \qquad 公式（4-14）$$

由公式（4-11）、公式（4-12）、公式（4-13）、公式（4-14）分别代入

$E(m_i \mid p^H) = p^H \cdot m_s + (1 - p^H) \cdot m_f$ 和 $E(C_i \mid p^H) = p^H \cdot C_s + (1 - p^H) \cdot C_f$，得，

$$E(C_i \mid p^H) = q \qquad 公式（4-15）$$

$$E(m_i \mid p^H) = p^H \cdot \frac{B(q)}{\Delta p + p^H} \cdot \frac{q}{\Delta p - A - q} \qquad 公式（4-16）$$

若将公式（4-6）取等号，则左边达到最大值，也满足了 $E(m_i \mid p^H)$ 得到最大值，最终，将公式（4-15）和公式（4-16）代入取等号的公式（4-6），

$$p^H \cdot \frac{B(q)}{\Delta p + p^H} \cdot \frac{q}{\Delta p - A} = E(Y \mid p^H) - r \cdot L$$

得，

$$A = -E(Y \mid p^H) + r \cdot L + \frac{p^H}{\Delta p \cdot [B(q) + q]} \qquad 公式（4-17）$$

进一步化简公式（4-17）：

由 $B(q) = B - \lambda q$，得 $B(q) + q = B + (1 - \lambda)q$

令 $\beta = \frac{p^L}{p^H}$，则 $\frac{p^H}{\Delta p} = \frac{1}{(1 - \beta)}$

则，

$$A = -E(Y \mid p^H) + r \cdot L + \frac{B}{(1 - \beta) + \frac{(1 - \lambda)}{(1 - \beta) \cdot q}} \qquad 公式（4-18）$$

附录1 | 不同利益联结紧密程度对社员正规融资可得性的影响

令 $\phi = -E(Y|p^H) + r \cdot L + \dfrac{B}{(1-\beta)}$

因此,

$$A = \phi + \frac{(1-\lambda)}{(1-\beta) \cdot q} \qquad 公式（4-19）$$

此为社员获得贷款时，银行对增信水平的要求。

附录2 样本农民合作社增信影响力估值结果

合作社编号	增信影响力估值	合作社编号	增信影响力估值
1	12.6629	63	12.8662
2	16.0952	64	14.5634
3	9.884	65	14.8190
4	13.0372	66	7.5045
5	13.3224	67	13.5129
6	7.3958	68	5.5499
7	4.9072	69	3.6681
8	5.2203	70	7.1457
9	2.8801	71	14.6215
10	3.0195	72	7.0645
11	4.9522	73	14.1729
12	3.7429	74	13.4656
13	8.9044	75	17.1529
14	7.1125	76	5.8519
15	10.5036	77	13.9424
16	11.3428	78	14.9302
17	7.4534	79	14.7102
18	5.6655	80	15.9783
19	5.3556	81	14.3063
20	4.485	82	8.1820
21	14.476	83	14.3700
22	9.1411	84	5.1239
23	9.1283	85	8.8517

附录2 | 样本农民合作社增信影响力估值结果

续表

合作社编号	增信影响力估值	合作社编号	增信影响力估值
24	14.7302	86	11.5602
25	5.8751	87	5.8122
26	9.8607	88	5.0799
27	6.9920	89	18.5927
28	7.4072	90	15.2173
29	14.3797	91	10.0730
30	13.0348	92	13.1567
31	14.4505	93	5.4358
32	8.5624	94	7.1712
33	9.1788	95	8.5813
34	12.0189	96	14.2135
35	4.1022	97	12.9423
36	7.5135	98	17.5364
37	5.4877	99	11.8878
38	4.2327	100	7.3559
39	8.8414	101	11.8945
40	15.0812	102	15.3500
41	11.6093	103	7.2588
42	9.8494	104	5.8246
43	15.9388	105	6.3799
44	16.6556	106	7.6469
45	8.8365	107	6.6828
46	7.5455	108	6.5771
47	6.7720	109	9.5155
48	11.9534	110	9.5942
49	9.4757	111	9.7738
50	11.1539	112	5.4830
51	12.4412	113	6.2749

续表

合作社编号	增信影响力估值	合作社编号	增信影响力估值
52	10.2516	114	15.7139
53	10.8929	115	8.6691
54	10.2721	116	9.5661
55	11.9410	117	9.7033
56	8.4852	118	3.9712
57	9.2157	119	8.1732
58	14.5358	120	5.9621
59	7.0115	121	10.6064
60	7.2165	122	8.3248
61	6.3525	123	7.9347
62	13.7356		

附录3 合作社调查问卷

被调查人姓名：_____ 被调查人联系电话：_____
调查员姓名：_____ 调查员联系电话：_____
调查日期：2014年____月____日
合作社所在地址：_____省_____市_____县_____乡/镇
合作社名称：_____ 到县城的距离：_____（公里）

A. 女理事长/女副理事长个人资料

A01 年龄 1. 20~30岁（含20岁）；2. 30~40岁（含30岁）； 3. 40~50岁（含40岁）；4. 50~60岁（含50岁）；5. 60岁及以上	
A02 受教育年限： 1. 不识字或识字很少；2. 小学；3. 初中；4. 高中；5. 中专；6. 大专 7. 本科及以上	
A03 身份属于： 1. 村、组干部；2. 农业技术人员；3. 党员；4. 劳动模范； 5. 人大代表、政协委员；6. 大学生村官；7. 普通农户；8. 其他（注明）	
A04 在领办合作社之前，您主要从事什么行业？ 1. 非农生产制造加工；2. 商业及零售；3. 运输；4. 建筑；5. 采矿；6. 畜牧； 7. 外出务工；8. 农作物生产；9. 林业产；10. 渔业；11. 旅游业； 12. 中药材种植；13. 木材加工；14. 手工艺品制作；15. 其他	
A05 在领办合作社之前，您的工作是否与合作社有关？ 1. 曾在其他合作社务工；2. 是其他合作社普通成员； 3. 是其他合作社的核心成员（包括发起人、出资前十大股东）； 4. 没有关系	
A06 在合作社股份比例是：	

B. 合作社特征

B01 最初成立时间（年）：	
B02 在工商部门注册登记时间（年）：	
B03 注册资金（万元）：	
B04 建立方式： 1. 农民自发组建；2. 农村能人或专业大户领办；3. 企业领办； 4. 农技服务部门领办；5. 由基层政府推动组建；6. 村委会领办； 7. 供销社领办；8. 妇联组织领办；9. 其他	
B05 主要从事的生产经营活动是（可多选，请按重要性排序）： 1. 农业生产资料的销售；2. 农产品销售；3. 农产品加工； 4. 农产品运输；5. 农产品贮藏；6. 资金互助；7. 种植业；8. 养殖业； 9. 与农业生产经营有关的技术信息等服务；10. 手工艺品制作； 11. 其他（注明）	
B06 注资方式包括：1. 现金；2. 土地；3. 农机具设备；4. 其他（注明）	
B07 发起人数： 其中，女性发起人数：	
B08 2013 年底固定资产规模（万元）：	
B09 农户参加合作社条件（可多选，请按重要性排序）： 1. 无条件；2. 种养的基本规模；3. 种养的基本标准；4. 缴纳股金； 5. 有一定技能；6. 性别要求；7. 家庭收入要求；8. 其他（注明）	
B10 成员人数： 其中：种植或养殖户数 　　　企业或团体成员数	
B11 合作社服务的非社员农户数	
B12 在合作社社员中，女性社员的人数是：	
B13 现有社员类型： 1. 普通种养户；2. 手工艺人；3. 生产大户；4. 运销大户；5. 供销社； 6. 农村基层组织；7. 农业企业；8. 其他（请注明）	
B14 是否有注册产品商标？0. 没有；1. 有	

续表

B15 是否是示范社？ 1. 县级示范社；2. 地市级示范社；3. 省级示范社；4. 国家级示范社； 5. 不是示范社	
D16 合作社对社员退社有什么规定？ 1. 只要提出申请就可以退社； 2. 必须有充分的理由才可以退社； 3. 股东社员必须有充分的理由才可以退社； 4. 专业大会必须有充分的理由才可以退社	
B17 自成立以来，合作社是否有社员退社？0. 没有；1. 有	
B18 如果有社员退社，社员退社的主要原因有：（可多选，请按重要性排序） 1. 社员要参加或组建其他合作社；2. 社员决定从事其他行业； 3. 盲目跟风退社；4. 社员被合作社清退； 5. 社员不认同合作社的利益分配方式；6. 社员不认可合作社决策方式； 7. 其他（请注明）	
B19 合作社是否受过政府扶持？ 0. 没有（请跳过 B20）；1. 有	
B20 若受过扶持，扶持方式是哪种？（可多选） 1. 资金支持；2. 实物支持；3. 贷款优惠； 4. 帮助建立销售渠道（如农超对接等）；5. 其他支持（注明）	
B21 合作社受到政府扶持的条件有哪些？（可多选） 1. 社员性别要求；2. 经营规模；3. 带动能力；4. 盈利水平； 5. 经营规范；6. 其他（注明）	
B22 与当地农户的平均收入相比，社员人均年纯收入： 1. 高很多；2. 高一些；3. 差不多；4. 低一些；5. 低很多	
B23 合作社建立以来，获得过的最大支持来自哪？（可多选，请按重要顺序排列） 1. 合作社成员；2. 所在村两委；3. 当地政府；4. 农业相关部门； 5. 妇联；6. 工商联；7. 人民银行；8. 银监局； 9. 农商行（农信社、农合行）；10. 其他金融机构；11. 其他（注明）	
B24 合作社经营中遇到的最大困难是什么？（可多选，请按重要顺序排列） 1. 缺乏资金；2. 技术支持；3. 销路不稳定或缺乏销路；4. 政府行政干预； 5. 人才缺乏；6. 与社员的合作关系；7. 其他	

续表

B25 合作社采取的盈余分配制度 按股分红的盈余占比： 按收购社员产品数量或金额分配的盈余占比： 提取公益金或公积金的盈余占比：	
B26 从合作社成立以来，合作社的盈余分配制度是否发生过改变？ 0. 没有改变（请跳过 B27 和 B28）；1. 发生过改变	
B27 如果发生过改变，合作社之前采取的盈余分配制度 按股分红的盈余占比： 按收购社员产品数量或金额分配的盈余占比： 提取公益金或公积金的盈余占比：	
B28 如果发生过改变，合作社改变盈余分配制度的原因是？（可多选，请按重要性排序） 1. 为促使社员把更多农产品销售给合作社；2. 吸引更多农户入社； 3. 社员要求改变盈余分配制度；4. 周围合作社业务竞争激烈； 5. 其他（请注明）	

C. 合作社运营情况

C01 近 3 年的营业总收入分别是（万元）： 1. 2011 年； 2. 2012 年； 3. 2013 年	
C02 近 3 年的净利润分别是（万元）： 1. 2011 年； 2. 2012 年； 3. 2013 年	
C03 合作社是否有稳定的销售渠道： 0. 没有（请直接回答 C09 及以后）；1. 有	
C04 如果有稳定的销售渠道，属于以下哪种类型？ 1. 有订单销售合同；2. 有固定购买商，但没有签订合同	
C05 如果有订单销售合同，合作社通过订单销售的产品产量占比是：（%）	
C06 如果有订单销售，合作社和主要的订单企业已经合作了多少年？	
C07 如果有订单销售，合作社销售给主要订单企业的产品占合作社总产品的比例是：（%）	

续表

C08 如果有稳定销售渠道，除产品收购外，收购商是否会为合作社或合作社社员提供其他服务？0. 不会；1. 会	
C08-1 如果会，收购商会为合作社或合作社社员提供以下哪些服务？ 1. 贷款担保；2. 向银行推荐；3. 原资料赊购；4. 原材料销售； 5. 预付货款；6. 直接出借资金；7. 其他（请注明）	
C08-2 如果提供原材料销售或赊购，合作社从订单企业处购买的原材料占合作社原材料总购买量的比例是：（%）	
C09 合作社为社员提供的服务内容有：（可多选） 1. 产品销售；2. 信息、技术服务；3. 供应原材料； 4. 农产品加工、贮藏；5. 统一产品品牌；6. 金融支持（具体方式见C17）； 7. 统一制定生产质量标准；8. 农机服务；9. 提供风险补贴； 10. 其他	
根据C09选项，填写C10~C18	
C10 若C09选3，则社员从合作社购买的原资料占社员总购买生产资料的比例是：（%）	
C11 若C09选3，则与市场价格相比，合作社提供生产资料价格 1. 更高；2. 更低；3. 一样	
C12 若C09选1或4，则社员加工、销售给合作社的产品占社员总产出的比例是：（%）	
C13 若C09选1或4，则合作社收购社员产品时，是如何结算的？ 1. 一手交钱，一手交货（即时结算）； 2. 合作社销售产品后，再和农户结算（非即时结算）	
C14 若C09选1或4，则合作社是否会为社员提供以下服务？ 1. 有收购保护价或最低保证价；2. 保证收购规模；3. 无以上服务	
C15 若C09选1或4，则与市场价格相比，合作社提供农产品收购价格 1. 更高；2. 更低；3. 一样	
C16 若C09选8，则与市场价格相比，合作社提供农机服务价格 1. 更高；2. 更低；3. 一样	
C17 若C09选6，则金融支持的方式是？ 1. 贷款担保；2. 向银行推荐；3. 原材料赊购；4. 预付货款； 5. 直接出借资金；6. 资金互助；7. 其他（请注明）	

续表

C18 若 C09 选 6，则合作社提供贷款担保的农户数量： 　　　　向银行推荐的农户数量： 　　　　提供原材料赊购的农户数量： 　　　　支付预付货款的农户数量： 　　　　直接出借资金的农户数量： 　　　　参与资金互助的农户数量： 　　　　提供其他金融支持的农户数量：	

D. 合作社组织结构和治理机制

D01 合作社内部设置了哪些管理机构？（可有多选） 1. 社员大会；2. 社员代表大会；3. 理事会；4. 监事会；5. 生产技术部门； 6. 销售部门；7. 财务部门；8. 其他	
D02 理事会成员数： 其中，女性人数：	
D03 在理事会中，核心成员（包括发起人、出资前十大股东）的人数	
D04 2013 年社员（代表）大会召开次数	
D05 社员（代表）大会的决策原则是什么？（可多选） 1. 一人一票；2. 一股一票；3. 按出资额设立附加表决权； 4. 按交易量设立附加表决权；5. 社员大会不决策	
D06 合作社的理事会、监事会成员如何产生？ 1. 主要由理事长决定；2. 主要由股东决定；3. 主要由社员选举	
D07 合作社如何决定盈余分配方案（单选） 1. 主要由理事长决定；2. 主要由理事会决定； 3. 主要由社员（代表）大会决定	
D08 合作社的监事会是否经常向理事会提出自己的监督意见？ 1. 经常；2. 较多；3. 一般；4. 较少；5. 很少；6. 未设监事会	
D09 前十大股东出资比例（%） 其中：女性股份的占比	
D10 第一大股东股份比例（%）	
D11 第一大股东是否是女性？1. 是；0. 否	

续表

D12 第一大股东在合作社是哪种身份？ 1. 普通社员；2. 理事长；3. 理事；4. 监事长；5. 监事；6. 营销人员	
D13 最小的股东出资比例（%）	
D14 2013年财务公开次数	
D15 合作社是否为社员设立独立账户？1. 是；0. 否	
D16 合作社已经在成员个人账户中记录了哪些内容？ 1. 出资额；2. 量化公积金份额；3. 与合作社的交易量（额）； 4. 其他（注明）	
D17 外部监督情况（比如接受农业行政主管部门规制情况）： 0. 没有；1. 一年1~3次；2. 一个季度1~3次；3. 一个月1~3次； 4. 一星期1次及以上	
D18 合作社是否成立了妇女组织？（若选1~5，请回答D19） 1. 成立妇代会；2. 成立妇女小组；3. 成立妇女之家；4. 成立工会女职工委员会；5. 成立了其他形式妇女组织；6. 未成立任何形式的妇女组织，但可以考虑筹备成立；7. 不打算成立妇女组织	
D19 妇女组织在合作社中发挥了哪些作用？ 1. 组织妇女开展宣传教育活动；2 传播新知识、培训新技能； 3. 维护女社员的权益；4 女性社员之间相互帮助；5. 推荐妇女人才	

E. 合作社资金需求及意愿情况

E01 合作社有资金需求时，首选的借款渠道是？（单选） 1. 农商行（或农合行、农信社）；2. 农业银行；3. 邮政储蓄银行； 4. 农发行；5. 其他商业银行；6. 私人放贷者；7. 贷款公司； 8. 村镇银行；9. 社员；10. 其他合作社；11. 任何一家银行； 12. 原材料供应商或产品收购商提供的赊销、借款；13. 其他（注明）	
E02 选择上述借款渠道的理由是： 1. 担保方式灵活；2. 借款额度灵活；3. 贷款期限灵活；4. 还款方式灵活； 5. 借款手续简单；6. 利息低；7. 利息以外的融资成本低； 8. 申请时间短；9. 有关系或熟人；10. 银行、信用社距离远，不方便； 11. 在银行、信用社贷不到款；12. 向正规金融机构的借款不够用； 13. 其他	
E03 合作社现在有多少万元的负债（含正规借贷和非正规借贷）？（若无，请填0）	

续表

合作社从正规金融机构贷款的问题	
E04 合作社在银行是否设有独立账户？0. 没有；1. 有	
E05 合作社是否产生过不良贷款？0. 没有（请直接回答 E06 及以后）；1. 有	
E05-1 如果有过不良贷款，产生不良贷款的原因是？ 1. 行业不景气，产品卖不出去；2. 合作企业违约，导致资金流断裂； 3. 投资项目失败；4. 合作社挪用了贷款；5. 合作社有意外支出； 6. 其他人和合作社都没还；7. 忘记要还；8. 其他	
E06-1 自合作社第一次获得银行贷款以来，至今已经有几年了？	
E06-2 自合作社理事长第一次获得银行贷款以来，至今已经有几年了？	
E07 最近 3 年，是否以合作社名义从银行、农商行（农信社）等正规金融机构申请过贷款？ 0. 没有申请过（请回答 E08 和 E12 及以后）；1. 申请过（请跳过 E08）	
E08 如果没有申请过，不申请贷款的原因是？ 1. 自有资金已能满足需要；2. 没有好项目，不需要贷款； 3. 反正借也借不到；4. 之前的申请被拒绝过；5. 其他渠道可以满足； 6. 没有借钱习惯；7. 其他（注明）	
E09 若申请过，贷款申请得到批准了吗？ 0. 没有批准（请回答 E11 及以后）；1. 批准过	
E10 若批准，得到全部申请数额了吗？0. 没有，得到部分；1. 得到全部	
E11 若没有批准，没有被批准的原因是： 1. 无抵押或担保而没贷到；2. 没有人缘关系贷不到； 3. 有老贷款没有归还，不给贷；4. 银行不给合作社单独贷款； 5. 其他（注明）	
E12 您认为从银行、农信社等正规金融机构得到贷款最重要的决定因素是什么？（可多选，请按重要性排序） 1. 合作社的还款能力；2. 合作社法人信用；3. 本村或组的干部担保； 4. 有抵押担保；5. 找到有经济能力的人担保； 6. 在农商行（农合行、农信社）有可靠的关系；7. 是乡村干部或工薪人士； 8. 不了解；9. 其他（注明）	
E13 2011~2013 年来自银行、农信社等正规金融机构的贷款总额（若无，填 0）（单位：万元）	

续表

合作社向非正规金融机构借款的问题	
E14 最近3年，合作社是否向银行等正规金融机构以外其他渠道借过款？ 1. 向其他合作社；2. 向社员；3. 向私人放贷者借过； 4. 原材料供应商或产品收购商提供的赊销、借款； 5. 借过但没有借到；6. 没有向其他人借过款（请直接回答E17及以后）	
E15 除利息之外，有没有请客、送礼等其他借款成本？1. 有；0. 没有	
E16 2011~2013年3年来自非正规金融机构的贷款总额（单位：万元）	

2011~2013年借入单笔资金情况

（请按时间从近到远顺序填写，若没有，可直接回答E29）

	第1笔	第2笔	第3笔	第4笔
E17 从哪里借的（来源）？ 1. 农业银行；2. 农商行（农合行、农信社）； 3. 邮政储蓄银行；4. 其他农民合作社； 5. 村镇银行；6. 贷款公司；7. 乡村干部； 8. 其他商业银行；9. 私人放贷者（包括合会等） 10. 原材料供应商或产品收购商提供的赊销、借款 11. 社员；12. 其他（注明）				
E18 哪年哪月借的？（至少具体到月）				
E19 从提出申请到拿到钱花了多长时间？（天）				
E20 借了多少？（万元）				
E21 合作社是否得到您所需的所有数额？ 0. 否，得到部分；1. 是				
E22 借款期限是多长？（月）				
E23 借款年利率是多少？（%）				
E24 为获得这笔贷款，是否有额外花费（如请客吃饭、送礼等）或为贷款人做些其他事情？0. 否；1. 是				
E25 借款用途： 1. 购买生产资料；2. 收购农产品； 3. 品牌建设；4. 扩张建设生产、加工基地； 5. 购买、更新生产设备； 6. 建造经营办公场所；7. 其他（注明）				

续表

项目				
E26 借款是否需要抵押？0. 不需要；1. 需要				
E27 是否需要担保人？0. 不需要；1. 需要				
E27-1 如需要保人，保人是谁？ 1. 原材料供应商或产品收购商；2. 其他合作社； 3. 合作社社员；4. 担保公司；5. 其他				
E28 还款方式是：1. 一次性偿还；2. 分期偿还； 3. 在约定期限内，何时有钱何时还				
现有资金缺口情况				
E29 根据现有生产经营的资金需求，在现有担保、抵押条件下，如果允许借款，合作社还想借多少万元？（若没有，请填0）				
E30 如果还有资金需求（即E29不为0），则资金的主要用途是？ 1. 购买生产资料；2. 收购农产品；3. 品牌建设； 4. 扩张建设生产、加工基地；5. 购买、更新生产设备； 6. 建造经营办公场所；7. 其他（注明）				

附录4 合作社社员调查问卷

被调查员姓名：_____ 被调查员联系电话：_____

调查员姓名：_____ 调查员联系电话：_____

调查日期：2014年____月____日；社员家庭到县城的距离：_____（公里）

社员家庭所在地：_____省_____市_____县_____乡/镇

社员所在合作社名称：_____（必填）

A. 农户及家庭基本信息

A01 您是否加入合作社？1. 是；0. 否	
A02 您的性别是：1. 男性；2. 女性	
A03 您的年龄是 1. 20岁以下；2. 20~30岁（含20岁）；3. 30~40岁（含30岁）； 4. 40~50岁（含40岁）；5. 50~60岁（含50岁）；6. 60岁及以上	
A04 农户文化程度 1. 小学以下；2. 小学；3. 初中；4. 高中；5. 中专； 6. 大专；7. 本科及以上	
A05 您的身份是 1. 农村技术能手；2. 农村专业大户；3. 村干部；4. 普通农民； 5. 农村民营企业家；6. 其他（注明）	
A06 您家庭现有人口数量_____人	
A07 您家庭劳动力人口数量（16-60岁，具有劳动能力的）_____人	
A08 在县以外地区务工超过半年的人口数量_____人	
A09 家里人的健康状况怎么样？ 1. 都很好；2. 有体弱多病的（能干轻活，不能干重活）； 3. 有长期慢性病（基本不能干活）；4. 患有大病；5. 残疾	

续表

女性农户请回答以下问题（若为男性农户，请直接填写 B 部分）	
A10 您是否认同"男主外、女主内"？ 1. 强烈认同；2. 比较认同；3. 一般；4. 比较不认同；5. 强烈不认同	
A11 和加入合作社之前相比，您对"男主外、女主内"的看法是否有变化？ 1. 变得更认同；2. 没变化；3. 变得更不认同	
A12 在您的家庭生活中，谁经常拿主意（当家作主）？ 1. 男方；2. 女方；3. 一半一半	
A13 和加入合作社之前相比，您拿主意的次数有变化吗？ 1. 减少了；2. 没变化；3. 增加了	
A14 和加入合作社之前相比，您在家庭中的地位是否有变化？ 1. 变高了；2. 没变；3. 变低了	

B. 农户家庭生产经营信息

B01 主要从事哪种农业生产经营活动？（可多选，请按重要性排序） 1. 农业生产资料销售；2. 农产品销售；3. 农产品加工；4. 农产品运输； 5. 农产品贮藏；6. 资金互助；7. 种植业；8. 养殖业； 9. 与农业生产经营有关的技术信息等服务；10. 手工艺品制作； 11. 其他（注明）	

B02 2013 年您家的主要农业生产经营活动的规模：

耕地面积（亩）		园地面积（亩）	
林地面积（亩）		牧草地面积（亩）	
养殖水面面积（亩）		牛（头/只）	
羊（头/只）		猪（头/只）	
禽（头/只）		禽蛋（公斤）	
淡水产品（公斤）		鲜牛奶（公斤）	
海水产品（公斤）		其他养殖（公斤）	
手工艺品（件）			

B03 2013 年您家的农业生产活动产生的年毛收入为（万元）	
B04 2013 年您家的家庭年毛收入为（万元）	
B05 您家的收入水平在本村的富裕程度？ 1. 最高；2. 次高；3. 中等；4. 中低；5. 最低	
B06 与以前比较，您自家 2013 年的收入状况评价是： 1. 明显高了；2. 高了一些；3. 没有变化；4. 少了一些；5. 明显少了	
B07 您在种植大棚、养殖场地、农机具等固定资产方面的总投入是（万元）	

C. 社员认知度及入社的利益（若非社员，请跳过 C 部分）

C01 您加入何种类型的合作社？（可多选） 1. 畜牧业合作社；2. 种植合作社；3. 林果合作社；4. 加工合作社； 5. 农资服务合作社；6. 运销合作社；7. 资金互助社； 8. 农机服务合作社；9. 手工艺品合作社；10. 其他（注明）
C02 为什么加入合作社？（可多选） 1. 周围的人都加入了；2. 被强制加入；3. 可以降低生产成本； 4. 可以保证销售；5. 可以提高销售价格；6. 希望提高家庭地位； 7. 希望获得自己独立的收入；8. 家庭其他成员让自己参加； 9. 合作社要求让女性参加；10. 获得技术服务；11. 可以获取打工收入 12. 其他（注明）
C03 哪年哪月加入的合作社？（具体到月）
C04 加入合作社的方式：1. 现金；2. 土地；3. 机械设备；4. 人力；5. 其他
C05 加入合作社需办理什么手续？（可多选） 1. 写了书面申请；2. 提出了口头申请；3. 缴纳会费； 4. 缴纳社员身份股本金；5. 合作社发给您会员证；6. 没有以上手续
C06 若想退出合作社，是否自由退出？1. 是；0. 否
C07 您是否是合作社的最初发起人之一？1. 是；0. 否
C08 您在合作社中的身份是？ 1. 普通成员；2. 理事长（领办者）；3. 副理事长；4. 总经理； 5. 理事会成员；4. 监事长；5. 监事会成员；6. 其他（注明）
C09 您从合作社购买的生产资料数量占您生产资料总投入的比例（%）
C10 您通过合作社销售的农产品产量占您产品总销售数量的比例（%）
C11 在播种养殖前，您所在的合作社是否会规定您的生产规模和类型？ 0. 不是；1. 是；2. 不知道
C12 您了解合作社的收入、利润等财务状况吗？1. 了解；0. 不了解
C13 2013 年您参加了合作社的几次各种事情的讨论？
C14 2013 年您参与过合作社的销售谈判吗？1. 参与；0. 没参与
C15 您了解入社合作社的性质吗？ 1. 和别的企业一样，以赚农民的钱为目的； 2. 为农民提供服务的互助组织，不是以赚钱为目的；3. 说不清楚

续表

C16 了解入社合作社的章程吗？ 1. 很了解；2. 比较了解；3. 一般了解；4. 比较不了解；5. 完全不了解	
C17 对合作社提供服务的满意度 1. 很满意；2. 比较满意；3. 一般；4. 比较不满意；5. 很不满意	
C18 加入合作社以后，您认为最大的获益来自于哪些方面？（可多选，请按重要性排序） 1. 购买生产原材料便宜了；2. 赊购生产原材料；3. 产品质量提高了； 4. 产品不愁卖了；5. 获得了合作社的金融支持；6. 机械化服务便宜 7. 销售价格提高了；8. 社会地位提高了；9. 获得独立的收入； 10. 获得信息技术服务；11. 可以获得打工收入；12. 其他（注明）	
C19 加入合作社以后，您自家的收入状况评价是： 1. 增加很多；2. 略有增加；3. 没有变化；4. 略有下降；5. 下降很多	
C20 合作社如何进行盈余分配：（可多选） 1. 按股分红；2. 按收购社员的产品数量或金额分配； 3. 提高销售价格；4. 降低社员的生产资料、农机服务等生产成本； 5. 不了解；6. 了解一些，但说不清	
C21 您加入合作社，最希望从合作社获得何种支持？（单选） 1. 生产服务方面的支持；2. 产品销售方面的支持； 3. 资金方面的支持；4. 其他（注明）	
C22 您最希望合作社改进的地方是？（可多选，请按重要性排序） 1. 给我更多技术指导、培训等服务；2. 收购价格更优惠； 3. 保证我全部产品的销售；4. 给我生产资金的支持； 5. 贷款时给我担保；6. 提供产品的储藏；7. 提供产品的加工； 8. 分红再多一点；9. 更新机械设备； 10. 提供的生产资料、服务再便宜一些；11. 无；12. 其他（注明）	
C23 您认为合作社中成立妇女组织有必要吗？ 1. 有必要；2. 没有必要；3. 无所谓	

D. 农户家庭资金需求、意愿及满足程度

D01 若要扩大种养殖业规模或是做生意、办企业，您愿意从哪里借款（多选，请按重要性排序） 1. 农商行（农信社）；2. 农业银行；3. 邮政储蓄银行； 4. 村镇银行；5. 其他商业银行；6. 任何一家银行；7. 村级资金互助； 8. 贷款公司；9. 向亲朋或关系户借款；10. 农民合作社或理事长； 11. 合作社社员；12. 私人放贷者（包括合会等）；13. 其他（注明）	
D02 选择 D01 借款渠道的理由是： 1. 担保方式灵活；2. 借款额度灵活；3. 贷款期限灵活； 4. 还款方式灵活；5. 借款手续简单；6. 利息低； 7. 利息以外的融资成本低；8. 申请时间短；9. 有关系或熟人； 10. 银行、信用社距离远，不方便；11. 在银行、信用社贷不到款； 12. 向正规金融机构的借款不够用；13. 不想欠人情；14. 其他	
D03 现在您共有多少负债（包括正规借贷和非正规借贷）？（单位：万元；若无，请填0）	
社员从银行等正规金融机构贷款的问题	
D04 最近3年，是否从银行、农信社等正规金融机构申请过贷款？ 1. 是（请跳过 D05）；0. 否（请回答 D05 和 D08 及以后的问题）	
D05 若没申请过，原因是? 1. 自有资金已能满足生产生活需要；2. 没有好项目，不需要贷款； 3. 没有借钱的习惯，有多少钱办多大事；4. 认为自己从银行借不到； 5. 之前申请被拒绝过；6. 其他渠道可以满足；7. 其他（注明）	
D06 若申请过，向哪家金融机构申请的贷款？（可多选） 1. 农商行（农信社/农合行）；2. 农业银行；3. 邮政储蓄银行； 4. 农发行；5. 其他商业银行；6. 村镇银行；7. 贷款公司	
D07 若申请过，您的贷款申请得到批准了吗？ 1. 批准（跳过 D07-1）；0. 没被批准（请回答 D07-1 和 D08 及以后问题）	
D07-1 申请过但未被批准的原因是： 1. 无抵押或担保而没贷到；2. 没有人缘关系贷不到； 3. 收入太低不给贷款；4. 有老贷款没有归还，不给贷； 5. 其他（注明）	
D07-2 若贷款被批准，加入合作社对申请贷款有帮助吗？1. 有；0. 无	

续表

D07-3 若加入合作社对贷款批准有帮助，是何种形式的帮助？ 1. 合作社给我担保；2. 合作社向银行推荐了我； 3. 帮助银行管理社员贷款；4. 合作社获得贷款，转贷给我 5. 合作社获得银行的信用评级对我贷款有帮助；6. 其他（请说明）	
D08 从您第一次获得银行贷款，至今已经有几年时间？	
D09 您是否曾发生贷款到期未还的情况？1. 有；0. 没有	
D09-1 如果有，贷款到期未还的原因是？ 1. 经营项目失败；2. 家庭有意外支出；3. 别人都不还； 4. 不知道要还；5. 没有催要；6. 其他	
D10 您认为从银行、农商行（农合行、农信社）得到贷款最重要的决定因素是什么？（可多选，请按重要性排序） 1. 家庭的还款能力；2. 个人信用；3. 本村或组的干部担保； 4. 有抵押；5. 在银行有可靠的关系；6. 合作社的帮助； 7. 找到有经济能力的人担保；8. 是乡村干部或工薪人士； 9. 能够找到有经济能力的人组成联保小组；10. 不了解；11. 其他	
D11 2011~2013年3年来自银行等正规金融机构的贷款总额（万元）（若无，填0）	
社员向非正规金融机构借款的问题	
D12 2011~2013年是否向银行、农商行（农信社）等正规金融机构以外其他渠道借过款？ 1. 向合作社或理事长；2. 向合作社其他成员；3. 向私人放贷者借过； 4. 向亲戚朋友；5. 向其他人借；6. 借过但没有借到； 7. 没有向其他人借过款（请直接回答D14及以后问题）	
D12-1 如果借过，除利息之外，有没有请客、送礼等其他借款成本？ 1. 是；0. 否	
D13 2011~2013年3年来自非正规金融机构的贷款总额（万元）	

2011～2013 年借入的单笔资金情况

（请按时间由近到远顺序填写；若没有借款，请直接填写 D26 及以后的问题）

	第1笔	第2笔	第3笔	第4笔
D14 从哪里借的（来源）？ 1. 农业银行；2. 农商行（农合行、农信社）； 3. 邮政储蓄银行；4. 其他商业银行；5. 村镇银行； 6. 贷款公司；7. 农民合作社或理事长； 8. 私人放贷者；9. 向亲戚朋友借款； 10. 合作企业；11. 合作社其他成员；12. 其他				
D15 哪年哪月借的？（具体到月）				
D16 从提出申请到拿到钱花了多长时间？（天）				
D17 借了多少？（万元）				
D18 您是否得到您所需的所有数额？ 1. 是；0. 否，得到部分				
D19 借款期限是多长？（单位：月）				
D20 借款年利率是？（%）				
D21 为获得这笔贷款，是否有额外花费（如请客吃饭、送礼等）或为贷款人做些其他事情？1. 是；0. 否				
D22 借款用途： 1. 扩大生产规模；2. 偿还其他借款； 3. 流动资金（包括购买生产资料）；4. 买房、建房；5. 医疗； 6. 教育；7. 结婚；8. 其他				
D23 借款是否需要抵押？1. 是；0. 否				
D24 借款是否需要保人？1. 是；0. 否				
D24-1 如有保人，保人是谁？ 1. 亲戚朋友；2. 小组联保； 3. 公职人员、乡村干部；4. 担保公司； 5. 合作社或合作社理事长； 6. 合作社的合作企业；7. 合作社成员担保； 8. 其他				
D25 采用了什么样的还款方式： 1. 一次性偿还；2. 分期偿还； 3. 在约定期限内，何时有钱何时还				

续表

目前资金缺口情况				
D26 根据现有生产经营的资金需求，如果允许借款，您还想借多少万元？（若不需要，请填 0）				
D27 若您有还想借的钱（即 D26 不为 0），则资金的主要用途是：1. 扩大生产规模；2. 偿还其他借款；3. 买房；4. 医疗；5. 教育；6. 流动资金（包括购买生产资料）；7. 结婚；8. 其他				